pâtisseries à la stévia,

au sucre de bouleau, au sirop d'agave...

pâtisseries à la stévia,

au sucre de bouleau, au sirop d'agave...

marabout

Textes © Marie-Line Salaün / Sucré Salé.
Mise en pages : Les PAOistes.
Correction : Clémentine Bougrat.
Suivi éditorial : Natacha Kotchetkova.

Pour l'éditeur, le principe est d'utiliser des papiers composés de fibres naturelles, renouvelables, recyclables et fabriquées à partir de bois issus de forêts qui adoptent un système d'aménagement durable. En outre, l'éditeur attend de ses fournisseurs de papier qu'ils s'inscrivent dans une démarche de certification environnementale reconnue.

ISBN : 978-2-501-07504-6
Dépôt légal : août 2011
41.0249.7/01
Imprimé en Espagne par Impresia-Cayfosa

sommaire

introduction

c'est doux, c'est sucré, c'est permis !

Le sucre est synonyme de beaucoup de calories. En excès, il n'est pas bon pour notre santé. Mais il serait tellement dur de se priver des bons desserts tout sucrés ! Depuis notre enfance, le sucre dirige nos instincts gourmands ; il rassure, calme, apaise, endort.

Bien sûr, depuis longtemps déjà, boissons et desserts édulcorés nous sont proposés sur les rayons de notre supermarché préféré. Les édulcorants chimiques satisfont beaucoup de consommateurs, mais pas tous…

On en est arrivé, de nos jours, aux régimes équilibrés, à la mesure sans la démesure, à la nature au service de la santé et de notre équilibre. Et c'est ainsi que sont apparus sur le marché de nouveaux édulcorants naturels à l'apport glycémique moindre ou retardé, voire nul.

Certains de ceux-là ont été utilisés pour la réalisation des desserts de ce livre. Alors optons pour les grands classiques de notre enfance et du moment, modifiés, revisités, adaptés ici pour n'apporter que du plaisir !

qu'est-ce que le sucre ?

Les sucres, ou glucides, sont indispensables à notre organisme, ils sont les principaux fournisseurs d'énergie de nos cellules, de notre corps et de notre cerveau. Ils contribuent à la sensation de satiété, favorisent l'activité cérébrale et participent à la qualité du sommeil. Mais il y a sucre et sucre ; certains sont favorables à notre équilibre alimentaire, d'autres beaucoup moins.

les sucres rapides

Les sucres raffinés issus de la canne ou de la betterave font partie de ce que l'on appelle les sucres rapides. Ils se diffusent très vite dans l'organisme mais sans durer, entraînant, par sensation de manque, de fatigue et de fringale, le besoin d'en ingérer de nouveau. L'organisme devient malheureusement très rapidement dépendant. On stocke alors plus de sucre que notre corps ne peut en brûler. Très caloriques, les sucres rapides se transforment en graisses, accélèrent la prise de poids et le vieillissement ; ils peuvent provoquer du diabète.

les sucres lents

Ceux que l'on appelle les sucres lents sont présents dans des aliments qui apportent aussi des sels minéraux, des vitamines et des fibres, ce qui les rend plus lentement et plus facilement assimilables. Les sucres complets en font partie, tel le Rapadura, issu de la canne à sucre. Les aliments comprenant ces sucres lents sont les céréales et leur sirop, les farines complètes, les fruits, les légumes, les féculents et les laitages. On dit qu'ils ont un index glycémique bas.

les édulcorants naturels pour remplacer les sucres raffinés

Nous avons retenu et privilégié une plante transformée en édulcorant naturel, la stévia, et deux sucres lents : le xylitol, plus communément appelé sucre de bouleau, et le sirop d'agave.
La cassonade, issue de la canne à sucre, a été gardée en proportions raisonnables pour quelques rares recettes, l'unique et indispensable cristallisation de ce sucre permettant la réalisation de certains desserts qui n'auraient plus leur délicieux caractère sans cet incontournable craquant…

la stévia

La stévia est une plante de la famille des astéracées, originaire d'Amérique du Sud. Le pouvoir sucrant exceptionnel de la *Stevia rebaudiana* bouleverse le monde des édulcorants. Naturelle, non toxique, ne provoquant pas de dépendance, elle n'apporte aucune calorie et aucun glucide. On la trouve principalement sous deux formes : concentrée ou mélangée avec un agent de charge qui la rend plus facilement dosable.

l'extrait de stévia raffiné

Il s'agit de stévia réduite en poudre blanche concentrée. Il est vendu dans les magasins bio ou sur Internet, en petits sachets de poudre blanche (rebaudioside A). Son pouvoir sucrant est de 100 à 300 fois supérieur à celui du sucre en poudre ; il devra donc être manipulé avec précision et délicatesse. Il se dilue facilement dans tout liquide chaud ou froid.
On le trouve aussi sous forme d'extrait liquide. Vous pouvez le diluer vous-même dans de l'eau pure. Versez le mélange dans un petit flacon à compte-gouttes et utilisez-le pour édulcorer vos boissons chaudes ou froides, crèmes ou salades de fruits.
La stévia ne se caramélise pas, ne brunit pas et ne se cristallise pas, comme le ferait le sucre. Mais sa stabilité à la cuisson (jusqu'à 200 °C) est un avantage par rapport aux édulcorants synthétiques. On peut donc l'utiliser pour la réalisation de crèmes dessert.

l'édulcorant à la stévia

Il s'agit de stévia mélangée avec un agent de charge, la maltodextrine, présentée sous la forme d'une poudre blanche légère, qui permet une utilisation et un dosage plus faciles.

Il est bien en place sur les rayons de toutes les grandes surfaces, sous plusieurs marques, en boîte, en pot ou en dosettes. Idéal pour sucrer vos boissons ou pour saupoudrer des desserts individuels. Ses propriétés sont les mêmes que celles de l'extrait raffiné, mais le dosage est facilité.

l'utilisation de la stévia

La stévia sera utilisée pour édulcorer les salades de fruits, les yaourts, les fromages blancs, les crèmes cuites ou en pots, les crèmes brûlées (hors la caramélisation, qui restera l'apanage de la cassonade), les compotes, les panna cotta, les tiramisus et autres mousses légères.

le xylitol ou sucre de bouleau

Le xylitol est appelé sucre de bouleau parce qu'il est extrait de cet arbre. Il est largement utilisé en remplacement du sucre dans les pays scandinaves. On le trouve aussi dans les prunes, les framboises, les bananes et les endives. De saveur sucrée identique à celle du sucre en poudre, sans aucun arrière-goût, il donne au contraire une très agréable sensation de fraîcheur.

Paré de toutes les qualités, non acidifiant et anticariogène, il a une valeur énergétique inférieure de 40 % à celle du sucre et son faible taux de glucose en fait un sucre lentement assimilable par les diabétiques et les hypoglycémiques.

Très facile à utiliser en pâtisserie, il se présente comme du sucre cristallisé. Son pouvoir sucrant augmente de 30 à 50 % à la cuisson, dosez-le donc pour moitié dans vos recettes préférées et vos gâteaux seront délicieux.

Vous le trouverez en magasins bio ou sur

Internet, transformé et commercialisé par des entreprises françaises. Son seul inconvénient reste son prix un peu élevé !

l'utilisation du sucre de bouleau

Le sucre de bouleau sera utilisé pour toute la pâtisserie et les confitures, mais il ne se caramélise pas et ne se cristallise pas.

Un conseil : mixez-le finement jusqu'à obtenir la consistance du sucre glace. Il s'incorporera encore plus facilement à vos préparations et vous en utiliserez moins. Saupoudrez-en légèrement gâteaux ou desserts, il les agrémentera d'une délicieuse saveur rafraîchissante.

le sirop d'agave

Il était appelé eau de miel par les Aztèques. Le pouvoir sucrant du sirop d'agave est de 40 % supérieur à celui du sucre ; c'est plus que le miel. Vous en diminuerez donc les doses à proportion.

Si son apport calorique est élevé, il sera cependant plus bas que celui du sucre puisque vous pourrez l'utiliser avec parcimonie.

Comme les fruits, il contient du fructose. Son index glycémique bas le rend plus facilement assimilable par l'organisme, tout en douceur. De saveur plus douce et plus neutre que le miel ou le sirop d'érable, il se présente sous le même aspect et sous la même jolie couleur dorée. Il se dissout parfaitement et son grand avantage est de se caraméliser à la cuisson.

l'utilisation du sirop d'agave

Le sirop d'agave sera utilisé pour édulcorer tous les desserts, des yaourts aux gâteaux. Dans ces derniers, ainsi que dans les crèmes et les entremets, ajoutez-en seulement 1 ou 2 cuillerées pour le goût et la douceur. Et pour la caramélisation des fruits, il est l'idéal substitut de service.

astuces pour masquer le faible dosage en sucre

les épices douces

Ajoutez des épices douces dans vos desserts. Leur parfum masquera leur faible dosage en sucre.

La vanille, la plus utilisée en pâtisserie, est naturellement sucrée.

La cannelle, en bâton ou en poudre, se marie bien avec la pomme, avec la poire, avec la banane, avec la figue et le chocolat.

La badiane (anis étoilé), l'anis vert, le cumin, la coriandre, le curcuma, la réglisse (en bâton ou en poudre), la cardamome accompagneront les desserts fruités ou lactés. Le clou de girofle renforce les saveurs de l'ananas et de la cerise, entre autres ; à utiliser avec modération.

Le mélange pour pain d'épices regroupe certaines de ces épices et d'autres encore en un mélange parfumé, parfaitement dosé, prêt à l'emploi.

Pensez aussi aux poivres et aux piments de toutes sortes et de toutes origines, dont les parfums capiteux ne feront que renforcer la naturelle saveur sucrée des fruits et du chocolat. Le piment, encore plus que le poivre, est à utiliser en doses infimes.

Agrémentez vos desserts d'herbes aromatiques comme la menthe ou la mélisse, qui ajouteront une touche de couleur et de fraîcheur.

les équivalences

SUCRE	ÉDULCORANTS NATURELS
100 g	¼ de c. à c. rase d'extrait de stévia raffiné (environ 0,38 g)
20 g	1 c. à s. rase d'édulcorant à la stévia
20 g	1 c. à s. rase de sucre de bouleau (xylitol)
20 g	1 c. à s. de sirop d'agave

la gélatine et l'agar-agar

Ils n'ont aucun pouvoir sucrant, sont inodores et sans saveur. Mais ils sont une aide précieuse en matière de texture et de présentation. La gélatine ajoutée aux blancs d'œufs en neige offrira une meilleure tenue aux mousses légères. Les deux permettront d'obtenir de jolies gelées allégées, de belles présentations qui éveilleront la gourmandise et participeront à votre succès.

savoir reconnaître les aliments riches en sucre

Le sujet n'est pas ici de proscrire le sucre à 100 %. Il faut savoir, cependant, reconnaître les ingrédients en contenant sans le nommer. Alors lisez les étiquettes des produits que vous achetez !

les biscuits

Lisez attentivement leur composition, achetez des biscuits pour diabétiques ou confectionnez-les vous-même, ainsi saurez-vous exactement ce que vous y mettez.
Les spéculoos, tout spécialement, sont des sablés additionnés de vergeoise, issue du sucre de betterave : remplacez-les par d'autres biscuits moins riches en sucre.

le chocolat noir

Hélas ! Le chocolat est riche en glucides. Mais plus il est riche en cacao, moins il l'est en sucre et plus il est assimilable. Choisissez-le donc, selon vos goûts et vos préférences, le plus fort en cacao possible : de 64 % minimum à plus de 70 %. Et encore une fois, lisez les indications sur la plaquette.

Si le chocolat noir est calorique, il est cependant un excellent aliment de tonicité et de bonne humeur, riche en fer, en magnésium et en un acide aminé précurseur de sérotonine antidéprime.

le chocolat blanc

Le chocolat blanc, qui n'est pas vraiment du chocolat, est très sucré. Alors méfiance !

le cacao amer en poudre

En voilà un qui n'est pas sucré. Abusez-en !

les fruits

Les fruits sont sucrés, certes. Mais ils offrent aussi un apport non négligeable en vitamines et en fibres. Parmi les moins riches en glucides, on compte les fruits rouges et les agrumes, les fruits de la passion, la noix de coco fraîche, la pastèque, le melon et la rhubarbe. Puis

viennent les fruits noirs, les abricots, les brugnons et autres nectarines, les ananas, les figues fraîches, les kiwis, les mangues, les mirabelles, les pêches, les pommes et les poires. Les cerises, les bananes et le raisin comptent parmi les fruits les plus sucrés.

les fruits secs

Raisins secs, dattes, figues, pruneaux, abricots, bananes… Et aussi les fruits confits, les compotes et les fruits au sirop… Tous contiennent du sucre, plus que les fruits frais.

les confitures ou les coulis de fruits du commerce

Le sucre est un conservateur et un exhausteur de goût, deux raisons pour en ajouter plus qu'il n'en faut. Plus, en tout cas, que l'on en ajouterait soi-même dans les préparations maison. Lisez bien les étiquettes des produits que vous achetez.

l'alcool

Attention à l'utilisation de l'alcool : il contient aussi du sucre. N'ajoutez pas trop d'alcool dans vos glaces, sorbets ou granités maison car il réduit la prise au froid. Pensez aussi aux enfants qui partageront vos desserts, ainsi qu'à vos amis qui ne consomment pas d'alcool. Limitez son utilisation au cercle restreint des adultes que vous connaissez bien.

autres ingrédients

Pour notre santé et notre équilibre, les nutritionnistes prônent la mesure en tout. Il ne suffit pas d'éliminer seulement le sucre. Par essence, nombre de gâteaux traditionnels sont riches en œufs, farine, beurre, crème… Nous avons essayé de les « alléger » sans rien enlever à la tradition et aux recettes familiales, en proposant des substituts, en soulignant les ingrédients facultatifs. Si nous n'avons rien voulu vous imposer, notez qu'il vous sera facile de remplacer certains ingrédients par d'autres, allégés.

les œufs

Du point de vue nutritionnel, les œufs ont de nombreuses qualités. Ce sont de bonnes sources de protéines, d'oméga-3 et de béta-carotène, ils contiennent du fer en quantité ainsi que des vitamines B9 et B12 qui permettent l'assimilation de celui-ci.

C'est dans le jaune que sont concentrés les lipides saturés et le cholestérol. Prévoyez donc les desserts riches en jaunes d'œufs, comme le sabayon, la crème anglaise ou la crème brûlée, en fin de repas légers, exempts d'œufs et de graisses.

Le blanc peut être consommé à volonté.

N'hésitez pas à l'utiliser pour monter les mousses, lier les glaces et sorbets, protéger vos fonds de tarte de l'humidité, dorer les gâteaux, préparer les glaçages.
Le calibre des œufs est indiqué sur l'emballage : S jusqu'à 53 g, M de 53 à 63 g, L jusqu'à 73 g (gros) et XL au-delà de 73 g (très gros).
Le blanc représente 60 % du poids de l'œuf.
Pour l'utilisation des jaunes crus dans certains desserts comme les tiramisus, les moelleux faiblement cuits, les gâteaux sans cuisson et les sabayons, choisissez-les extrafrais : mention autorisée jusqu'à 9 jours après la date de ponte.
Ne lavez pas les œufs, vous les priveriez de leur barrière naturelle contre les germes. Gardez-les dans la partie la moins froide du réfrigérateur, à l'abri de l'humidité. Pour les congeler, séparez les blancs des jaunes.

la crème fraîche

Sauf indication contraire, la crème fraîche pourra être remplacée par de la crème allégée, de la crème de soja ou de la crème d'amande. Pour la crème fouettée et la chantilly seulement, l'utilisation de crème liquide entière très froide est impérative.

le lait

Sauf indication contraire, utilisez du lait écrémé, du lait de soja, de riz, d'amande ou de châtaigne, selon vos goûts ou vos habitudes.

le beurre dans les gâteaux

Les Bretons le choisissent demi-sel, les autres doux. Certaines recettes en usent avec délicatesse. D'autres, plus traditionnelles, en regorgent… À vous de choisir entre la tradition et un certain équilibre à trouver.

Le beurre peut être remplacé par de la purée d'amande blanche en poids égal. Pour le beurre liquide, utilisez son équivalent en poids d'un mélange à parts égales de purée d'amande et d'huile de tournesol ou de crème d'amande.
Bien que la texture obtenue ne soit pas exactement la même, essayez de remplacer le beurre par de la compote de pommes, faite par vos soins si possible, pour éviter l'ajout de sucre inutile.
Il n'est pas nécessaire de beurrer les moules en silicone.

La pâtisserie est une science très exacte et le moindre écart technique, la moindre modification de nature ou de poids des ingrédients peut changer le résultat final, mais c'est par l'expérience et quelquefois même de l'accident que naît la création.
Alors faites des essais ! Et si le goût et la texture changent, peut-être découvrirez-vous LA recette légère qui plaira à toute la famille et sera pérennisée. C'est ainsi que la cuisine évolue.

tartes, crumbles & Cie

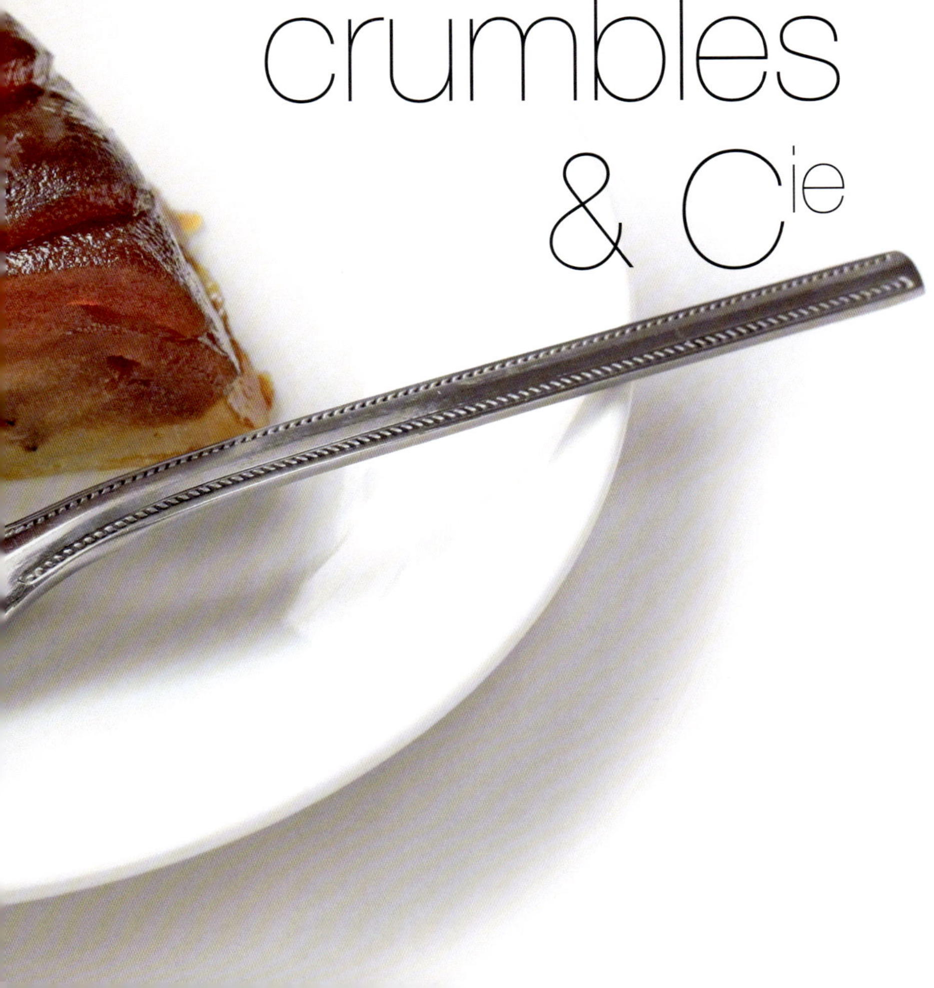

tarte au citron meringuée

Pour **6 personnes**
Préparation **30 minutes**
Repos **30 minutes**
Cuisson **35 minutes**

Pour la pâte :
200 g de **farine**
50 g de **fécule de pomme de terre**
2 pincées de **sel**
1 c. à s. de **sucre de bouleau** (xylitol)
50 g de **beurre**
1 **œuf**
10 cl d'**eau**

Pour la crème au citron :
4 **citrons non traités**
4 **œufs**
10 c. à s. de **sucre de bouleau** (xylitol)
50 g de **beurre doux**

Pour la meringue :
2 c. à s. de **sirop d'agave**
4 **blancs d'œufs**

Préparez la pâte : tamisez la farine et la fécule de pomme de terre au-dessus d'un saladier, ajoutez le sel et le sucre de bouleau. Incorporez le beurre à la main, jusqu'à l'obtention d'un mélange sablé. Ajoutez l'œuf et l'eau, puis pétrissez la pâte. Formez un pavé aplati avec la pâte, enveloppez de film alimentaire et placez pour 30 minutes au réfrigérateur.

Préchauffez le four à 180 °C. Étalez la pâte puis déposez-la dans un moule à tarte. Piquez le fond avec une fourchette et enfournez pour 20 minutes.

Préparez la crème : râpez très finement le zeste de 1 citron. Fouettez les œufs avec le zeste et le sucre de bouleau dans un bol. Versez le mélange dans une casserole, avec le jus des 4 citrons, portez à frémissements en mélangeant vivement et retirez du feu aux premiers bouillons. Incorporez le beurre par petits morceaux.

Versez la crème au citron sur le fond de tarte précuit et enfournez pour 15 minutes. Laissez refroidir à température ambiante.

Préparez la meringue : portez le sirop d'agave à ébullition dans une petite casserole. Montez les blancs d'œufs en neige puis versez doucement le sirop bouillant en un mince filet, tout en continuant de fouetter jusqu'à refroidissement.

Étalez la meringue sur la tarte et glissez-la pour quelques secondes sous le gril du four afin de la colorer légèrement.

tarte aux fraises

Pour **6 personnes**
Préparation **30 minutes**
Repos **30 minutes**
Cuisson **30 minutes**

500 g de **petites fraises parfumées**

Pour la crème à l'orange :
2 **oranges non traitées**
3 **œufs**
1 c. à s. de **Maïzena**
2 c. à s. de **sirop d'agave**

Pour la pâte sablée :
100 g de **beurre** très mou
1 **gousse de vanille**
100 g de **crème fraîche**
3 c. à s. de **sucre de bouleau** (xylitol)
70 g de **poudre d'amande**
1 **œuf** + 1 **jaune d'œuf**
200 g de **farine**

Préparez la crème à l'orange : brossez les oranges sous l'eau chaude, râpez-en le zeste puis pressez-les. Battez les œufs dans un saladier puis incorporez la Maïzena, le sirop d'agave, le jus et le zeste d'orange. Versez le mélange dans une casserole à fond épais et faites chauffer à feu très doux sans cesser de fouetter, jusqu'à ce que le mélange épaississe et devienne nappant. Versez-le dans un pot à confiture propre, laissez refroidir et conservez au réfrigérateur.

Préparez la pâte : dans un saladier, travaillez le beurre en pommade avec les graines de la gousse de vanille fendue en deux, puis ajoutez la crème fraîche, le sucre de bouleau et la poudre d'amande. Mélangez au fouet puis incorporez l'œuf et le jaune d'œuf. Ajoutez enfin la farine et pétrissez jusqu'à l'obtention d'une pâte homogène. Formez une boule, enveloppez-la de film alimentaire et placez-la pour 30 minutes au réfrigérateur.

Étalez la pâte sur le plan de travail fariné, puis déposez-la dans un moule à tarte en la collant bien aux parois. Faites précuire le fond de tarte avec des poids de cuisson pendant 30 minutes, à 165 °C. À la sortie du four, laissez le fond de tarte refroidir sur une grille.

Lavez les fraises, séchez-les et équeutez-les. Garnissez le fond de tarte de crème à l'orange bien froide, disposez les fraises par-dessus et dégustez sans attendre.

Conseil La crème à l'orange peut se préparer la veille.

tarte Tatin

Pour **6 personnes**
Préparation **20 minutes**
Repos **30 minutes**
Cuisson **35 à 40 minutes**

Pour la pâte :
200 g de **farine**
50 g de **fécule de pomme de terre**
2 pincées de **sel**
1 c. à s. de **sucre de bouleau** (xylitol)
50 g de **beurre**
1 **œuf**
10 cl d'**eau**

Pour la garniture :
6 **pommes**
5 c. à s. de **sirop de riz**
40 g de **beurre** + 15 g pour le moule

Préparez la pâte : tamisez la farine et la fécule de pomme de terre au-dessus d'un saladier, ajoutez le sel et le sucre de bouleau. Incorporez le beurre à la main, jusqu'à l'obtention d'un mélange sablé. Ajoutez l'œuf et l'eau, puis pétrissez la pâte. Formez un pavé aplati avec la pâte, enveloppez de film alimentaire et placez pour 30 minutes au réfrigérateur.

Pelez les pommes, évidez-les et coupez-les en 12 quartiers. Faites-les caraméliser légèrement à la poêle, 5 minutes à peine, avec le sirop de riz.

Préchauffez le four à 180 °C.

Beurrez un moule à tarte, disposez-y harmonieusement les quartiers de pommes et ajoutez le beurre en parcelles sur les pommes. Étalez la pâte à tarte et découpez-la en un disque légèrement plus grand que le moule. Déposez-le sur les quartiers de pomme et ourlez les bords le long des parois du moule.

Enfournez pour 30 à 35 minutes, jusqu'à ce que la pâte soit bien dorée.

À la sortie du four, posez un plat rond sur le moule et retournez celui-ci en un seul geste pour démouler la tarte. Servez sans attendre.

Variante Remplacez la pâte par un rouleau de pâte feuilletée.

crumble pommes, poires et figues

Pour **6 personnes**
Préparation **15 minutes**
Cuisson **40 à 45 minutes**

5 **pommes**
5 **poires**
6 petites **figues fraîches**
30 g de **beurre**
2 c. à s. de **sirop d'agave**
½ c. à c. d'**épices à pain d'épices**

Pour la pâte à crumble :
75 g de **farine**
75 g de **poudre d'amande**
7 c. à s. de **sucre de bouleau** (xylitol)
50 g de **fruits secs** concassés : **noix**, **noix de pécan**, **noisettes**…
150 g de **beurre** ramolli

Pelez les pommes et les poires, coupez-les en quatre, évidez-les. Gardez les poires en quartiers et recoupez les pommes en dés. Lavez les figues et coupez-les en deux.

Faites sauter les dés de pomme à la poêle, 5 minutes à feu vif, avec le beurre et le sirop d'agave. Ajoutez les poires à mi-cuisson.

Préchauffez le four à 180 °C.

Préparez le crumble en mélangeant la farine, la poudre d'amande, le sucre de bouleau et les fruits secs concassés dans un saladier. Ajoutez le beurre légèrement ramolli coupé en petits morceaux et mélangez du bout des doigts jusqu'à l'obtention d'un sable grossier.

Versez les fruits légèrement colorés dans un plat à gratin, ajoutez les figues face coupée vers le haut, saupoudrez d'épices puis couvrez de pâte à crumble en la parsemant sans la tasser.

Enfournez pour 35 à 40 minutes, jusqu'à ce que le crumble soit doré. Servez tiède ou laissez refroidir à température ambiante ; ne placez pas le crumble au réfrigérateur.

Variante Remplacez la poudre d'amande par de la poudre de noisette.

crumbles de fruits rouges

Pour **6 personnes**
Préparation **10 minutes**
Cuisson **36 à 41 minutes**

600 g de **fruits rouges** :
cerises, **framboises**,
fraises, **groseilles**…
10 cl de **jus d'orange** fraîchement pressée
2 c. à s. d'**huile d'olive**
2 c. à s. de **sirop d'agave**

Pour la pâte à crumble :
120 g de **farine**
75 g de **poudre d'amande**
120 g de **sucre de bouleau** (xylitol)
100 g de **noix de pécan** concassées
180 g de **beurre** ramolli

Lavez les fruits, séchez-les, équeutez-les ou égrenez-les. Dénoyautez les cerises et coupez-les en deux, coupez les fraises en deux. Mettez-les dans un saladier, arrosez-les de jus d'orange puis réservez pour préparer le dessert au tout dernier moment.

Préparez le crumble en mélangeant la farine, la poudre d'amande, le sucre de bouleau et les noix de pécan concassées dans un saladier. Ajoutez le beurre légèrement ramolli coupé en petits morceaux et mélangez du bout des doigts jusqu'à l'obtention d'un sable grossier. Étalez la préparation, sans la tasser, dans un plat à gratin, enfournez et faites cuire 35 à 40 minutes, jusqu'à ce que le crumble soit doré.

Faites chauffer l'huile d'olive et le sirop d'agave dans une poêle, versez-y les fruits mélangés avec le jus d'orange et faites cuire 1 minute à feu vif, en remuant la poêle.

Répartissez les fruits et leur jus dans 6 coupelles, parsemez de crumble et servez sans attendre.

Variante À la macération et à la cuisson des fruits, ajoutez 1 pincée de cannelle moulue, les graines de ½ gousse de vanille et 1 clou de girofle.

mille-feuilles croustillants aux framboises

Pour **6 personnes**
Préparation **20 minutes**
Cuisson **6 minutes**

3 **oranges**
3 c. à c. de **sirop d'agave**
4 c. à s. bombées de **sucre de bouleau** (xylitol)
8 à 10 gouttes de **colorant alimentaire rouge**
6 **feuilles de brick**
90 g de **beurre** fondu
96 belles **framboises**, soit 250 g environ
6 sachets d'**édulcorant à la stévia**

Pelez les oranges à vif et prélevez les quartiers en glissant la lame d'un couteau entre chair et peau. Mettez les segments d'orange dans une petite poêle, ajoutez le sirop d'agave et faites-les caraméliser 2 minutes à feu vif, puis laissez refroidir.

Préparez le sucre rose : versez le sucre de bouleau dans un petit bol, ajoutez le colorant, mélangez puis laissez sécher dans un endroit chaud et sec.

Décollez les feuilles de brick, découpez-les en 24 disques de 10 cm de diamètre et badigeonnez-les de beurre fondu, au pinceau, sur un seul côté. Posez-les sur la plaque du four et passez-les sous le gril, 2 minutes de chaque côté, jusqu'à ce qu'ils soient légèrement dorés. Réservez-les au sec.

Montez les mille-feuilles juste avant de servir : parsemez les disques de brick de sucre rose. Disposez 1 disque de brick sur chaque assiette, garnissez-le d'oranges caramélisées et de 4 framboises, puis disposez 3 autres disques par mille-feuille, en alternance avec 4 framboises à chaque étage. Finissez par 3 framboises, saupoudrez d'édulcorant à la stévia et servez.

Conseil Prévoyez quelques feuilles de brick supplémentaires, elles sont fragiles et friables.

petits sablés pistache-fraise

Pour **36 sablés**
Préparation **20 minutes**
Cuisson **30 minutes**

Pour les sablés :
3 c. à s. de **sucre de bouleau** (xylitol)
120 g de **farine** + 2 c. à s.
40 g de **Maïzena**
20 g de **pistaches en poudre**
160 g de **beurre** à température ambiante
6 gouttes de **colorant alimentaire vert**

Pour la crème au mascarpone :
100 g de **mascarpone**
30 g de **fromage blanc**
1 ½ c. à c. d'**édulcorant à la stévia**

200 g de **fraises**
30 g de **pistaches** concassées

Préchauffez le four à 180 °C.

Mélangez puis pétrissez tous les ingrédients des sablés à la main, jusqu'à l'obtention d'une pâte homogène. Formez une boule, farinez-la légèrement, étalez-la sur le plan de travail fariné et aplatissez-la sur 5 mm d'épaisseur. Découpez dans la pâte des petits disques à l'emporte-pièce.

Posez les petits sablés sur une plaque recouverte d'une feuille de papier sulfurisé et enfournez pour 30 minutes. À la sortie du four, faites glisser très délicatement la feuille de papier sulfurisé sur une grille et laissez les petits sablés refroidir.

Pendant la cuisson des sablés, mélangez au fouet le mascarpone, le fromage blanc et l'édulcorant à la stévia. Réservez au réfrigérateur. Lavez les fraises, séchez-les, équeutez-les puis coupez-les en quatre.

Pour servir, garnissez les petits sablés de crème au mascarpone à l'aide d'une poche à douille, répartissez les fraises par-dessus et parsemez de pistaches concassées.

clafoutis aux cerises

Pour **6 personnes**
Préparation **20 minutes**
Cuisson **20 à 30 minutes**

1 **gousse de vanille**
40 cl de **lait**
25 g de **beurre**
+ 15 g pour le plat
5 c. à s. d'**édulcorant à la stévia**
4 **œufs**
2 c. à s. de **sirop d'agave**
100 g de **farine**
1 c. à s. de **kirsch** (facultatif)
700 g de **cerises** dénoyautées

Préchauffez le four à 210 °C.

Fendez la gousse de vanille dans la longueur, grattez-en les graines à la pointe d'un couteau et mettez-les dans une petite casserole, avec le lait et le beurre. Faites chauffer légèrement jusqu'à ce que le beurre fonde, puis retirez du feu et diluez-y l'édulcorant à la stévia.

Dans un saladier, fouettez les œufs avec le sirop d'agave jusqu'à ce que le mélange mousse. Incorporez la farine, puis le lait tiède en filet et enfin le kirsch.

Beurrez un plat à tarte au pinceau, jusqu'en haut des parois. Répartissez les cerises au fond du plat, recouvrez de pâte et enfournez pour 10 minutes, puis baissez la température à 180 °C et laissez cuire 10 à 20 minutes selon l'épaisseur du clafoutis.

Servez le clafoutis tiède ou froid, accompagné d'un coulis de fruits rouges maison.

Conseil Les cerises ne sont pas dénoyautées dans la version traditionnelle, les noyaux contribuant à parfumer le dessert. Il est cependant recommandé de faillir à cette règle pour une dégustation plus agréable et surtout pour servir aux enfants.

Variantes Parsemez le clafoutis de 60 g d'amandes effilées juste avant de l'enfourner. Remplacez l'édulcorant à la stévia par 6 cuillerées à soupe de sucre de bouleau.

clafoutis à la rhubarbe et aux fraises

Pour **6 personnes**
Préparation **20 minutes**
Cuisson **25 à 38 minutes**

400 g de tiges de **rhubarbe**
1 c. à s. de **jus de citron**
2 c. à s. d'**eau**
4 c. à s. de **sirop d'agave**
300 g de **petites fraises bien parfumées** + 6 fraises pour la décoration
1 **gousse de vanille**
40 cl de **lait**
25 g de **beurre** + 15 g pour le plat
4 c. à s. d'**édulcorant à la stévia**
4 **œufs**
100 g de **farine**

Nettoyez, effilez et coupez la rhubarbe en petits tronçons, puis mettez-les dans une casserole, avec le jus de citron, l'eau et 2 cuillerées à soupe de sirop d'agave. Faites-les cuire 5 à 8 minutes sur feu doux. Lavez les fraises, équeutez-les et coupez-les en deux. Gardez 6 fraises pour la décoration.

Préchauffez le four à 210 °C.

Fendez la gousse de vanille dans la longueur, grattez-en les graines à la pointe d'un couteau et mettez-les dans une petite casserole, avec le lait et le beurre. Faites chauffer légèrement jusqu'à ce que le beurre fonde, puis retirez du feu et diluez-y l'édulcorant à la stévia.

Dans un saladier, fouettez les œufs avec 2 cuillerées à soupe de sirop d'agave jusqu'à ce que le mélange mousse. Incorporez la farine puis le lait tiède en filet.

Beurrez un plat à tarte au pinceau, jusqu'en haut des parois. Répartissez la rhubarbe et les fraises au fond du plat. Recouvrez de pâte et enfournez pour 10 minutes, puis baissez la température à 180 °C et laissez cuire 10 à 20 minutes selon l'épaisseur du clafoutis.

Servez le clafoutis tiède ou froid, en décorant chaque part de 1 fraise émincée.

flan pâtissier

Pour **6 personnes**
Préparation **35 minutes**
Repos **1 h 30**
Cuisson **54 minutes**

Pour la pâte sucrée à la stévia :
à peine ½ c. à c. rase d'**extrait de stévia raffiné en poudre**
1 pincée de **sel fin**
2 cl d'**eau** froide
200 g de **farine** + un peu pour le plan de travail
90 g de **beurre** très froid coupé en petits morceaux + 15 g pour le moule
1 **œuf** + 1 **œuf** pour la dorure

Pour l'appareil à flan :
1 **gousse de vanille**
1 litre de **lait**
½ c. à c. d'**extrait de stévia raffiné en poudre**
1 pincée de **sel fin**
90 g de **Maïzena**
3 **œufs**

Préparez la pâte : diluez l'extrait de stévia et le sel dans l'eau froide. Mélangez la farine et le beurre avec les mains. Incorporez 1 œuf battu mélangé avec l'eau à la stévia. Formez une boule, aplatissez-la, enveloppez-la de film alimentaire et placez-la pour 1 heure au réfrigérateur.

Étalez la pâte, foncez-la dans un moule à tarte beurré en la collant bien aux parois. Réfrigérez 30 minutes.

Faites précuire le fond de tarte, avec des poids de cuisson, 20 minutes au four préchauffé à 165 °C. Retirez les poids de cuisson et le papier, badigeonnez le fond de tarte d'œuf battu et remettez-le pour 3 minutes au four.

Préparez l'appareil à flan : fendez la gousse de vanille en deux et grattez les graines. Mettez-les dans une grande casserole, ajoutez 75 cl de lait et portez à frémissements. Retirez du feu, couvrez et réservez.

Diluez l'extrait de stévia et le sel avec le reste du lait froid dans un bol. Incorporez la Maïzena au fouet. Battez les œufs dans un grand saladier puis incorporez le mélange à la Maïzena. Faites bouillir le lait à la vanille et ajoutez-le en filet, sans cesser de remuer. Reversez le mélange dans la casserole et faites cuire 1 minute à feu doux jusqu'à léger épaississement. Versez la préparation sur le fond de tarte et enfournez pour 30 minutes à 180 °C. Laissez le flan refroidir sur une grille puis placez-le au réfrigérateur jusqu'à complet refroidissement.

flan à la noix de coco

Pour **6 personnes**
Préparation **15 minutes**
Repos **12 heures**
Cuisson **30 à 35 minutes**

1 **gousse de vanille**
20 cl de **lait de coco**
6 c. à s. d'**édulcorant à la stévia**
20 g de **Maïzena**
4 **œufs**, blancs et jaunes séparés
2 c. à s. de **sirop d'agave**
390 g de **lait concentré non sucré**
150 g de **noix de coco** râpée
1 pincée de **sel**
15 g de **beurre** pour le moule

La veille, fendez la gousse de vanille en deux et grattez les graines à la pointe d'un petit couteau. Mettez les graines et la gousse dans une casserole, versez le lait de coco, portez à frémissements, puis retirez du feu, couvrez et laissez infuser jusqu'au lendemain.

Préchauffez le four à 200 °C.

Délayez l'édulcorant à la stévia et la Maïzena avec le lait de coco froid dans un bol.

Dans un grand saladier, fouettez les jaunes d'œufs avec le sirop d'agave puis incorporez le mélange lait-Maïzena, le lait concentré et la noix de coco.

Montez les blancs d'œufs en neige ferme, avec 1 pincée de sel, et incorporez-les délicatement au mélange précédent.

Versez dans un moule beurré ou dans un moule en silicone et enfournez dans le bas du four pour 10 minutes, puis baissez la température à 180 °C et poursuivez la cuisson 20 à 25 minutes.

Laissez tiédir puis placez au réfrigérateur jusqu'au moment de servir.

Variantes Versez l'appareil à flan sur un lit de caramel de sirop d'agave avant la cuisson, comme pour les crèmes café au caramel, page 120. Ou servez avec une crème anglaise maison à la stévia et au sirop d'agave (voir la recette des îles flottantes page 144).

far breton aux pruneaux

Pour **6 personnes**
Préparation **15 minutes**
Trempage **1 heure**
Cuisson **40 à 45 minutes**

240 g de **pruneaux** dénoyautés
50 cl de **thé** chaud
20 g de **beurre demi-sel** pour le plat
50 cl de **lait**
4 c. à s. bombées d'**édulcorant à la stévia**
1 pincée de **sel**
4 **œufs**
100 g de **farine** + un peu pour le plat
5 cl de **rhum ambré**

Mettez les pruneaux à tremper dans le thé chaud pour 1 heure environ.

Préchauffez le four à 200 °C. Beurrez un plat à gratin au pinceau et farinez-le.

Faites légèrement chauffer le lait pour qu'il soit tiède, retirez du feu puis diluez-y l'édulcorant à la stévia et le sel.

Battez les œufs jusqu'à ce qu'ils moussent. Incorporez la farine jusqu'à l'obtention d'une pâte lisse, puis versez le lait en remuant. Ajoutez le rhum en dernier.

Versez la pâte dans le plat à gratin et disposez les pruneaux bien égouttés. Enfournez sur la grille dans le bas du four pour 10 minutes, puis baissez la température à 180 °C et laissez cuire 30 à 35 minutes environ. Couvrez le far avec une feuille de papier sulfurisé si la surface vient à foncer.

Laissez le far refroidir avant de le démouler et de le servir à température ambiante ou froid.

Variante Supprimez le rhum et ajoutez de la vanille liquide dans le lait.

Conseil Si vous préparez le far dans des plats à gratin individuels, faites cuire seulement 30 à 35 minutes.

gâteaux moelleux

moelleux aux framboises

Pour **6 à 8 personnes**
Préparation **25 minutes**
Cuisson **45 minutes**
Repos **1 heure**

20 g de **beurre** ramolli pour le moule
1 c. à c. bombée de **Maïzena**
3 c. à s. d'**eau** froide
3 c. à s. de **sirop d'agave**
400 g de **framboises** + 100 g pour la décoration
40 g de **farine**
40 g de **poudre d'amande**
1 c. à c. de **levure chimique**
1 **gousse de vanille** (facultatif)
3 **œufs**, blancs et jaunes séparés
5 c. à s. de **sucre de bouleau** (xylitol)
60 g de **purée d'amande blanche**
10 cl de **lait**
1 pincée de **sel**
3 ou 4 sachets d'**édulcorant à la stévia**

Préchauffez le four à 180 °C. Chemisez de papier sulfurisé le fond et les parois d'un moule carré, beurrez-le.

Mélangez la Maïzena, l'eau froide et le sirop d'agave dans un petit bol. Versez les framboises dans une poêle, ajoutez le mélange à la Maïzena et remuez moins de 1 minute sur feu vif, puis versez au fond du moule.

Mélangez la farine, la poudre d'amande et la levure. Fendez la gousse de vanille dans la longueur et grattez les graines à la pointe d'un petit couteau.

Battez les jaunes d'œufs dans un grand récipient, avec les graines de vanille et le sucre de bouleau. Ajoutez la purée d'amande et le lait en battant énergiquement, puis incorporez le mélange farine-poudre d'amande.

Montez les blancs d'œufs en neige ferme, avec 1 pincée de sel, puis incorporez-les délicatement au mélange précédent.

Versez la pâte sur le lit de framboises et enfournez sur une grille dans le bas du four pour 45 minutes.

Laissez le gâteau refroidir 1 heure avant de le démouler en le retournant sur une grille. Décollez le papier sulfurisé. Servez avec quelques framboises fraîches saupoudrées d'édulcorant à la stévia.

moelleux au caramel de sirop d'agave

Pour **6 personnes**
Préparation **25 minutes**
Cuisson **40 minutes**

125 g de **beurre**
+ 15 g pour le moule
3 **œufs**
7 c. à s. de **sucre de bouleau** (xylitol)
125 g de **poudre d'amande**
40 g de **farine** + un peu pour le moule
6 c. à s. de **sirop d'agave**
12 c. à s. d'**eau**

Pour le nappage caramel :
6 c. à s. de **sirop d'agave**
12 c. à s. de **crème liquide**
20 g de **beurre**

Préchauffez le four à 165 °C en chaleur statique.

Chemisez un moule à manqué de 26 cm de diamètre de papier sulfurisé et beurrez-le. Mettez-le pour quelques instants au réfrigérateur puis farinez-le. Faites fondre le beurre et laissez-le refroidir.

Fouettez les œufs et le sucre de bouleau jusqu'à ce que le mélange soit mousseux, puis ajoutez la poudre d'amande, le beurre et la farine.

Versez le mélange dans le moule beurré et enfournez au milieu du four pour 40 minutes. Le gâteau doit être blond.

Préparez le sirop juste avant de sortir le gâteau du four. Mélangez le sirop d'agave et l'eau dans une petite casserole. Faites frémir le mélange à feu doux 1 minute à compter de l'ébullition, puis retirez du feu et laissez tiédir.

Démoulez le gâteau dès sa sortie du four en le retournant sur le plat de service et arrosez-le doucement de sirop encore chaud pour qu'il s'en imbibe, puis laissez refroidir.

Préparez le nappage caramel : versez le sirop d'agave et la crème liquide dans une casserole, portez à ébullition puis laissez chauffer en remuant jusqu'à ce que le mélange prenne une jolie couleur caramel très pâle, et qu'il nappe bien la cuillère. Retirez du feu et incorporez le beurre en mélangeant vivement, puis nappez le gâteau. Servez le jour même ou le lendemain.

gâteau renversé aux poires

Pour **6 à 8 personnes**
Préparation **20 minutes**
Cuisson **1 h 10**

5 ou 6 **poires**
le **jus** de ½ **citron**
280 g de **beurre** très mou
+ 15 g pour le moule
5 c. à s. de **sirop d'agave**
10 c. à s. de **sucre de bouleau** (xylitol)
1 **gousse de vanille**
5 **œufs**
250 g de **farine à gâteau** (levure incorporée)
35 g de **poudre d'amande**

Pelez les poires, coupez-les en deux, évidez-les et citronnez-les.

Préchauffez le four à 180 °C. Chemisez un moule à manqué de papier sulfurisé, beurrez bien le fond et les parois puis badigeonnez le fond avec 2 cuillerées à soupe de sirop d'agave. Disposez les poires en rosace au fond du moule.

Fouettez le beurre en pommade et le sucre de bouleau, puis incorporez les graines de 1 gousse de vanille et les œufs un par un, en ajoutant 1 cuillerée à soupe de farine entre chaque œuf. Incorporez ensuite le reste de la farine, la poudre d'amande et 3 cuillerées à soupe de sirop d'agave.

Versez le mélange sur les poires, enfournez en partie basse du four et faites cuire 1 h 10.

Laissez le gâteau refroidir complètement avant de le démouler en le retournant sur le plat de service de manière que les fruits se retrouvent sur le dessus.

Conseil Si le gâteau n'est pas assez caramélisé côté fruits, repassez-le 15 à 20 minutes au four préchauffé à 180 °C.

moelleux à l'orange

Pour **6 personnes**
Préparation **30 minutes**
Cuisson **40 minutes**
+ 10 à 15 minutes pour le sirop

Pour le gâteau :
1 **orange non traitée**
175 g de **beurre** ramolli
8 c. à s. de **sucre de bouleau** (xylitol)
3 **œufs**
125 g de **poudre d'amande**
150 g de **polenta**
1 c. à c. de **levure chimique**
120 g de **marmelade d'oranges sans sucre ajouté**

Pour le sirop et les oranges confites :
3 **oranges non traitées**
6 c. à s. de **sirop d'agave**
le **jus** de 2 **grosses oranges à jus**

Brossez l'orange sous l'eau chaude puis essuyez-la. Râpez le zeste à la grille fine puis pressez l'orange.

Travaillez le beurre très mou au batteur, avec le sucre de bouleau et le zeste d'orange, puis incorporez les œufs un à un. Ajoutez la poudre d'amande, la polenta et la levure. Versez le jus d'orange et mélangez.

Versez la pâte dans un moule à charnière chemisé de papier sulfurisé et faites cuire le gâteau 20 minutes au four préchauffé à 180 °C. Puis baissez la température à 160 °C et faites cuire encore 20 minutes.

Préparez les oranges confites et le sirop : découpez 1 orange lavée en très fines rondelles. Mélangez le sirop d'agave avec le jus des 2 autres oranges dans une petite casserole, ajoutez les rondelles d'orange et faites frémir à feu doux 10 à 15 minutes à compter de l'ébullition.

Démoulez le gâteau sur une grille 5 minutes après sa sortie du four. Laissez-le refroidir puis coupez-le en deux horizontalement.

Posez la base du biscuit sur une grille elle-même posée sur un plat et garnissez-la de marmelade d'oranges. Recouvrez avec le dessus du biscuit et arrosez-le de sirop chaud. Récupérez le sirop qui a coulé au fond du plat et recommencez l'opération 1 ou 2 fois pour en napper le dessus du gâteau.

Servez le gâteau décoré de rondelles d'orange confites.

petits gâteaux moelleux à la banane

Pour **12 gâteaux**
Préparation **15 minutes**
Cuisson **25 à 30 minutes**

300 g de **farine**
1 sachet de **levure chimique**
3 c. à s. bombées de **noix de coco** râpée
2 **œufs**
6 c. à s. de **sucre de bouleau** (xylitol)
50 g de **beurre** fondu
20 cl de **lait de coco**
3 **bananes moyennes** dont 2 bien mûres
1 c. à s. de **jus de citron**
1 c. à s. de **sirop d'agave**

Préchauffez le four à 180 °C. Mettez des caissettes en papier dans des empreintes ou des moules solides.

Mélangez la farine, la levure et la noix de coco râpée dans un récipient.

Mettez les œufs dans le bol d'un mixeur. Ajoutez le sucre de bouleau, le beurre fondu refroidi, le lait de coco et les 2 bananes les plus mûres rapidement écrasées à la fourchette. Mixez puis versez le mélange dans un grand récipient. Incorporez le mélange farine-noix de coco sans trop travailler la pâte.

Mélangez le jus de citron et le sirop d'agave dans un bol. Émincez la dernière banane en rondelles et arrosez-les du mélange au jus de citron. Versez la pâte dans les moules, posez 1 rondelle de banane sur chacun et enfournez pour 25 à 30 minutes de cuisson, jusqu'à ce que les petits gâteaux soient dorés.

Conseil Saupoudrez les petits gâteaux de noix de coco râpée juste avant d'enfourner.

gâteau sans beurre aux fruits secs

Pour **6 à 8 personnes**
Préparation **20 minutes**
Cuisson **45 à 50 minutes**

20 g de **beurre** pour le moule
80 g de **raisins secs**
50 g d'**abricots secs moelleux**
3 **œufs**
9 c. à s. de **sucre de bouleau** (xylitol)
1 sachet de **levure**
1 **yaourt nature**
80 g de **compote de pommes sans sucre ajouté**
80 g de **poudre d'amande**
160 g de **farine**

Préchauffez le four à 200 °C. Chemisez un moule de 24 à 25 cm de diamètre de papier sulfurisé, beurrez-le et passez-le quelques instants au réfrigérateur.

Mettez les raisins dans une casserole, recouvrez-les d'eau bouillante et portez à frémissements pour 5 minutes, puis laissez-les gonfler dans l'eau chaude. Coupez les abricots en tout petits dés.

Battez les œufs avec le sucre de bouleau et la levure jusqu'à ce que le mélange soit bien mousseux. Ensuite, ajoutez dans l'ordre le yaourt, la compote de pommes et la poudre d'amande, en battant vivement entre chaque ingrédient. Incorporez enfin la farine, les raisins égouttés et les abricots secs.

Versez le mélange dans le moule et enfournez pour 5 minutes. Puis baissez la température du four à 180 °C et faites cuire 40 à 45 minutes. Couvrez le gâteau de papier sulfurisé à mi-cuisson, lorsque la surface commence à dorer.

Vérifiez la cuisson du gâteau en plantant bien au centre la lame d'un couteau ; elle doit en ressortir sèche. Laissez-le reposer 10 minutes dans son moule avant de le démouler délicatement en le retournant sur une grille, puis laissez-le refroidir avant de le découper.

Note Ici, la compote de pommes remplace le beurre.

gâteau amandine aux raisins

Pour **6 à 8 personnes**
Préparation **15 minutes**
Cuisson **30 minutes**

250 g de **raisin noir gros grains**
200 g de **beurre**
80 g de **poudre d'amande**
60 g de **farine**
8 c. à s. de **sucre de bouleau** (xylitol)
4 **gros blancs d'œufs**
1 c. à s. d'**édulcorant à la stévia**

Préchauffez le four à 180 °C. Lavez le raisin, séchez-le puis égrappez-le.

Faites fondre le beurre jusqu'à l'obtention d'un beurre noisette, puis retirez du feu et laissez refroidir.

Mélangez la poudre d'amande, la farine et le sucre de bouleau. Fouettez légèrement les blancs d'œufs, incorporez-les au mélange précédent puis ajoutez le beurre noisette.

Versez la pâte dans un grand moule chemisé de papier sulfurisé ou beurré et fariné. Parsemez de grains de raisin et enfournez pour 30 minutes, jusqu'à ce que le gâteau soit doré.

Laissez tiédir puis saupoudrez d'édulcorant à la stévia au moment de servir.

gâteau au pavot

Pour **6 personnes**
Préparation **20 minutes**
Repos **20 minutes**
Cuisson **1 heure**

30 g de **graines de pavot bleu**
6 cl de **lait**
300 g de **farine**
60 g de **poudre d'amande**
1 c. à c. bombée de **levure chimique**
185 g de **beurre** ramolli
1 c. à s. de **zeste d'orange** finement râpé
11 c. à s. de **sucre de bouleau** (xylitol)
3 **œufs**
12 cl de **jus d'orange**

Préchauffez le four à 160 °C. Tapissez de papier sulfurisé un moule à bords hauts de 20 à 22 cm de diamètre.

Versez les graines de pavot dans un bol, avec le lait, et laissez reposer 20 minutes.

Mélangez la farine, la poudre d'amande et la levure dans un récipient.

Battez le beurre en pommade légère dans un autre récipient, avec le zeste d'orange et le sucre de bouleau. Incorporez les œufs un à un. Ajoutez le mélange farine-poudre d'amande puis le jus d'orange, le lait et les graines de pavot. Versez la préparation dans le moule et enfournez pour 1 heure.

Vérifiez la cuisson avant de retirer le gâteau du four. Laissez-le refroidir 5 minutes avant de le démouler sur une grille.

Variante Arrosez le gâteau encore chaud de sirop d'orange, juste après l'avoir démoulé (voir la recette du sirop page 70).

gâteau aux amandes et au citron

Pour **6 personnes**
Préparation **15 minutes**
Cuisson **25 minutes**

2 **citrons non traités**
40 g de **farine**
40 g de **poudre d'amande**
1 c. à c. de **levure chimique**
3 **œufs**, blancs et jaunes séparés
5 c. à s. de **sucre de bouleau** (xylitol)
60 g de **purée d'amande blanche**
1 pincée de **sel**
60 g d'**amandes effilées**

Préchauffez le four à 180 °C. Brossez les citrons sous l'eau chaude puis essuyez-les. Râpez-en le zeste à la grille fine puis pressez-les.

Mélangez la farine, la poudre d'amande, la levure et le zeste de citron.

Battez les jaunes d'œufs dans un autre récipient, avec le sucre de bouleau, jusqu'à ce que le mélange soit bien mousseux. Ajoutez la purée d'amande et le jus de citron, en battant énergiquement, puis incorporez le mélange farine-poudre d'amande.

Montez les blancs d'œufs en neige ferme, avec 1 pincée de sel, puis incorporez-les délicatement au mélange précédent.

Versez la pâte dans un moule à bords hauts de 22 cm de diamètre, parsemez la surface d'amandes effilées et enfournez pour 25 minutes environ.

Vérifiez la cuisson avant de retirer le gâteau du four. Laissez-le refroidir avant de le démouler sur une grille.

Conseils Badigeonnez la surface du gâteau de sirop d'agave ou saupoudrez-le d'édulcorant à la stévia. N'oubliez pas de chemiser le moule avec du papier sulfurisé, de le beurrer ou de l'huiler s'il n'est pas en silicone.

gâteaux caramélisés aux clémentines

Pour **10 petits gâteaux**
Préparation **20 minutes**
Cuisson **25 minutes**

3 **clémentines**
2 **œufs**
5 c. à s. de **sucre de bouleau** (xylitol)
150 g de **farine**
1 c. à c. de **levure chimique**
½ c. à c. de **gingembre moulu**
½ c. à c. de **cannelle moulue**
50 g de **beurre** fondu
10 c. à c. de **sirop d'agave**

Pour le nappage aux clémentines :
9 **clémentines non traitées**
1 c. à s. de **sirop d'agave**
le **zeste** de 1 **citron vert** pour décorer

Préparez le sirop de clémentine : pressez 3 clémentines et mélangez le jus avec le sirop d'agave dans une petite casserole. Faites frémir à feu doux 10 minutes environ à compter de l'ébullition, jusqu'à ce que le mélange devienne sirupeux. Réservez.

Préchauffez le four à 180 °C. Brossez 3 clémentines sous l'eau chaude et râpez-en le zeste à la grille fine. Pressez-les pour obtenir 10 cl de jus.

Battez les œufs, le zeste de clémentine et le sucre de bouleau jusqu'à ce que le mélange devienne mousseux. Incorporez la farine, la levure et les épices puis le beurre fondu et les 10 cl de jus de clémentine.

Versez 1 cuillerée à café de sirop d'agave au fond de chaque moule à muffin. Répartissez la pâte et faites cuire 25 minutes dans le bas du four.

Démoulez à la sortie du four, avant que le caramel colle aux moules en refroidissant.

Pelez les 6 clémentines restantes, séparez-les en quartiers, mettez-les dans le sirop, portez à frémissements pour à peine 1 minute puis retirez du feu.

Posez les gâteaux encore chauds à l'envers sur des petites assiettes (en coupant éventuellement la bosse), nappez-les de clémentines caramélisées, décorez d'un peu de zeste de citron vert et servez.

gâteau breton

Pour **8 à 10 personnes**
Préparation **15 minutes**
Cuisson **1 heure**

6 **jaunes d'œufs**
1 sachet de **levure**
13 c. à s. de **sucre de bouleau** (xylitol)
230 g de **beurre demi-sel** ramolli + 20 g pour le moule
500 g de **farine** + 2 c. à s. pour le moule
1 **blanc d'œuf**

Préchauffez le four à 170 °C.

Mélangez les jaunes d'œufs, la levure, le sucre de bouleau et le beurre ramolli à l'aide d'une cuillère, jusqu'à l'obtention d'un mélange bien crémeux.

Ajoutez la farine et travaillez la pâte à la cuillère puis à la main. Rassemblez la pâte en boule puis étalez-la et tassez-la, à la main, directement dans un moule ou un plat rond beurré et fariné.

Badigeonnez le dessus du gâteau de blanc d'œuf, en l'étalant avec le dos d'une cuillère, et dessinez-y avec les dents d'une fourchette des vagues se croisant.

Enfournez pour 1 heure.

gâteau de Savoie aux fruits rouges

Pour **6 personnes**
Préparation **20 minutes**
Cuisson **20 minutes**

1 **citron non traité**
6 **œufs**, blancs et jaunes séparés
12 c. à s. de **sucre de bouleau** (xylitol)
150 g de **farine**
50 g de **fécule de pomme de terre**
2 c. à s. d'**édulcorant à la stévia**
150 g de **framboises**
150 g de **groseilles**
150 g de **myrtilles**

Pour la sauce au chocolat :
200 g de **chocolat noir à pâtisser**
20 cl de **crème liquide**
3 c. à s. de **sirop d'agave**

Préchauffez le four à 240 °C. Beurrez un moule à bords hauts, passez-le au réfrigérateur puis farinez-le. Brossez le citron sous l'eau chaude puis râpez-en le zeste à la grille fine.

Fouettez les jaunes d'œufs avec le sucre de bouleau jusqu'à ce que le mélange mousse, puis incorporez la farine et la fécule de pomme de terre tamisées, ainsi que le zeste de citron.

Montez les blancs d'œufs en neige ferme. Incorporez 2 cuillerées à soupe de blancs montés au mélange précédent, puis ajoutez délicatement le reste.

Versez dans le moule jusqu'à mi-hauteur, puis enfournez en baissant la température à 180 °C. Laissez cuire 20 minutes puis vérifiez la cuisson avec la lame d'un couteau enfoncée à cœur. Laissez refroidir 3 minutes et démoulez le gâteau sur une grille.

Préparez la sauce au chocolat : faites chauffer le chocolat noir, la crème liquide et le sirop d'agave à feu très doux pendant 5 minutes, en remuant constamment.

Servez le gâteau saupoudré d'édulcorant à la stévia, garni de fruits rouges et accompagné de sauce au chocolat chaude.

gâteau minute aux fruits

Pour **6 à 8 personnes**
Préparation **10 minutes**
Cuisson **35 minutes**

300 g de **cerises**
300 g de **nectarines** ou **brugnons**
200 g de **framboises**
1 **gousse de vanille**
7 c. à s. de **sucre de bouleau** (xylitol)
100 g de **farine**
100 g de **poudre d'amande**
3 **œufs** battus
25 cl de **lait**
20 cl de **crème liquide**

Préchauffez le four à 180 °C.

Lavez les cerises, séchez-les, équeutez-les et dénoyautez-les. Lavez les nectarines, retirez le noyau et découpez-les en fins quartiers. Mettez tous les fruits dans un plat à gratin ou un moule beurré, ou en silicone.

Fendez la gousse de vanille dans la longueur et grattez-en les graines à la pointe d'un petit couteau. Mettez-les dans un saladier, avec le sucre de bouleau, la farine et la poudre d'amande. Ajoutez les œufs battus, le lait et la crème en mélangeant bien.

Versez la pâte sur les fruits et enfournez pour 35 minutes.

Variantes Parsemez d'amandes effilées avant d'enfourner. Ajoutez des fruits de saison : abricots, pêches, prunes, poires… Remplacez la crème liquide par de la crème d'amande pour cuisson.

petits gâteaux à l'orange

Pour **6 à 9 gâteaux**
Préparation **20 minutes**
Cuisson **30 minutes**
+ 5 à 7 minutes pour le sirop

3 **oranges non traitées**
175 g de **beurre** ramolli
8 c. à s. de **sucre de bouleau** (xylitol)
4 **petits œufs**
175 g de **farine**
6 c. à s. de **sirop d'agave**

Brossez 2 oranges sous l'eau chaude, essuyez-les et râpez-en le zeste à la grille fine. Pressez 1 orange.

Travaillez le beurre très mou au batteur, avec le sucre de bouleau, incorporez les œufs un à un, sans cesser de battre, puis ajoutez la farine. Ajoutez ensuite le jus et le zeste d'orange.

Versez la pâte dans des petits moules à manqué beurrés ou en silicone. Enfournez dans le four préchauffé à 165 °C et faites cuire 30 minutes environ.

Pressez les 2 oranges restantes et mélangez le jus avec le sirop d'agave dans une petite casserole. Faites frémir le mélange à feu doux, 5 à 7 minutes à compter de l'ébullition.

Démoulez les petits gâteaux sur une grille 5 minutes après la sortie du four. Posez la grille sur un plat et arrosez les gâteaux de sirop chaud. Récupérez le sirop qui a coulé au fond du plat et recommencez l'opération jusqu'à ce que les gâteaux soient parfaitement imbibés.

petits gâteaux moelleux à la châtaigne

Pour **9 à 12 gâteaux**
Préparation **20 minutes**
Cuisson **20 minutes**

200 g de **beurre**
150 g de **farine de châtaigne**
50 g de **farine de blé**
10 c. à s. de **sucre de bouleau** (xylitol)
4 **œufs**, blancs et jaunes séparés
20 cl de **lait**
1 pincée de **sel**

Préchauffez le four à 180 °C. Mettez des caissettes en papier dans des empreintes ou des moules solides.

Faites fondre le beurre et laissez tiédir.

Mélangez les deux farines et le sucre de bouleau dans un saladier, creusez un puits. Mettez les jaunes d'œufs au creux du puits, puis ajoutez le beurre fondu et mélangez en versant le lait en filet.

Montez les blancs d'œufs en neige, avec 1 pincée de sel, puis incorporez-les au mélange précédent.

Répartissez la pâte dans les moules et enfournez pour 20 minutes.

Variante Ajoutez 80 g de pépites de chocolat dans la pâte.

petits gâteaux châtaigne-fruits secs

Pour **9 à 12 gâteaux**
Préparation **15 minutes**
Cuisson **30 minutes**

5 cl de **lait**
30 g de **beurre demi-sel**
3 c. à s. de **sirop d'agave**
100 g de **farine de châtaigne**
50 g de **farine de blé**
1 c. à c. d'**épices à pain d'épices**
2 c. à c. de **levure**
2 **œufs**
1 c. à s. bombée de **sucre de bouleau** (xylitol)
30 g de **noisettes** grossièrement concassées
50 g de **figues séchées** coupées en tout petits dés
50 g d'**abricots secs** moelleux coupés en tout petits dés

Pour le nappage :
150 g de **mascarpone**
1 c. à c. bombée d'**édulcorant à la stévia**
1 **blanc d'œuf**
zestes d'oranges confits pour la décoration

Préchauffez le four à 180 °C.

Faites chauffer le lait dans une casserole, avec le beurre demi-sel et le sirop d'agave, puis laissez tiédir.

Mélangez les deux farines, les épices et la levure dans un récipient.

Fouettez les œufs avec le sucre de bouleau dans un autre récipient. Incorporez le mélange au lait tiède, puis le mélange de farines et les fruits secs.

Versez la pâte dans des empreintes à muffins et enfournez pour 30 minutes environ. Surveillez la cuisson en piquant un petit gâteau avec la lame d'un couteau ; elle doit en ressortir sèche. Démoulez les gâteaux sur une grille.

Préparez le nappage : mélangez le mascarpone, l'édulcorant à la stévia et le blanc d'œuf au fouet et réservez au réfrigérateur pour en décorer les gâteaux une fois refroidis. Ajoutez 1 zeste d'orange confit sur chaque petit gâteau.

Variantes Remplacez les figues par des dattes et les noisettes par des pistaches ou des cerneaux de noix.

pastis landais

Pour **6 à 8 personnes**
Préparation **30 minutes**
Repos **1 h 30**
Cuisson **30 minutes**

12 g de **levure de boulangerie**
10 cl de **lait** tiède
1 **citron non traité** pour son zeste
4 **œufs**
80 g de **beurre** fondu + 15 g pour le moule
5 c. à s. de **sucre de bouleau** (xylitol)
1 c. à s. de **rhum ambré**
1 c. à s. d'**eau de fleur d'oranger**
1 **gousse de vanille**
1 pincée de **sel**
250 g de **farine**

Émiettez la levure dans un petit bol et mélangez-la avec le lait tiède. Brossez le citron sous l'eau chaude, essuyez-le et râpez-en le zeste à la grille fine.

Dans le bol d'un robot, mélangez les œufs avec le lait à la levure, le beurre fondu, le sucre de bouleau, le rhum, l'eau de fleur d'oranger, le zeste de citron, les graines de la gousse de vanille fendue et le sel. Puis incorporez progressivement la farine jusqu'à l'obtention d'une pâte homogène et laissez tourner encore pendant 5 minutes.

Versez la pâte dans un saladier, couvrez avec un torchon légèrement humide et laissez-la gonfler à température ambiante pendant 1 heure environ, jusqu'à ce qu'elle double de volume.

Versez la pâte dans un moule à brioche beurré et laissez reposer encore 30 minutes.

Glissez le moule au four préchauffé à 180 °C et laissez cuire 30 minutes. Vérifiez la cuisson en enfonçant la lame d'un couteau au cœur du gâteau ; elle doit ressortir sèche.

Laissez le gâteau refroidir avant de le démouler et servez avec une crème anglaise.

Conseil Ajoutez 3 cuillerées à soupe de sucre grains au sommet de la brioche avant de la mettre à gonfler la seconde fois.

cakes & mignardises

cake au yaourt

Pour **6 à 8 personnes**
Préparation **15 minutes**
Cuisson **40 à 45 minutes**

20 g de **beurre** pour le moule
1 **gousse de vanille**
3 **œufs**
6 c. à s. de **sucre de bouleau** (xylitol)
1 **yaourt nature**
1 c. à s. de **sirop d'agave**
1 pot de **purée d'amande blanche**
3 pots de **farine**
1 sachet de **levure**

Préchauffez le four à 180 °C. Beurrez un moule à cake à revêtement antiadhésif ou chemisé de papier sulfurisé.

Fendez la gousse de vanille en deux dans la longueur, grattez-en les graines à la pointe d'un petit couteau et mettez-les dans un grand récipient.

Ajoutez les œufs, le sucre de bouleau, le yaourt, le sirop d'agave et la purée d'amande. Fouettez jusqu'à l'obtention d'une préparation mousseuse. Puis incorporez la farine mélangée avec la levure.

Versez la pâte dans le moule, enfournez et faites cuire 40 à 45 minutes.

Attendez 10 minutes avant de démouler le cake, puis laissez-le refroidir sur une grille.

Variante Ajoutez le zeste finement râpé de 1 citron ou de 1 orange non traité.

cake au citron

Pour **6 à 8 personnes**
Préparation **20 minutes**
Cuisson **25 à 30 minutes**

20 g de **beurre** pour le moule
2 **citrons non traités**
3 **œufs**, blancs et jaunes séparés
5 c. à s. de **sucre de bouleau** (xylitol)
60 g de **purée d'amande blanche**
40 g de **farine**
1 c. à c. de **levure chimique**
40 g de **poudre d'amande**

Pour le nappage :
150 g de **mascarpone**
1 c. à c. bombée d'**édulcorant à la stévia**
1 **blanc d'œuf**
citron coupé en fines rondelles pour la décoration

Préchauffez le four à 180 °C. Beurrez un moule à cake à revêtement antiadhésif ou chemisé de papier sulfurisé.

Brossez les citrons sous l'eau chaude, séchez-les, râpez-en le zeste à la grille fine et pressez 1 citron.

Fouettez les jaunes d'œufs avec le sucre de bouleau, puis incorporez la purée d'amande et le jus de citron en fouettant énergiquement. Incorporez ensuite la farine tamisée, la levure, la poudre d'amande et le zeste de citron.

Montez les blancs d'œufs en neige ferme, puis incorporez-les délicatement à la préparation précédente.

Versez la pâte dans le moule et enfournez pour 25 à 30 minutes. Vérifiez la cuisson en enfonçant la lame d'un couteau au centre du cake.

Attendez 10 minutes avant de démouler le cake, puis laissez-le refroidir sur une grille.

Préparez le nappage : mélangez le mascarpone, l'édulcorant à la stévia et le blanc d'œuf au fouet. Réservez au réfrigérateur.

Au moment de servir, nappez le dessus du gâteau et décorez de fines rondelles de citron.

cake aux fruits confits

Pour **6 personnes**
Préparation **20 minutes**
Trempage **12 heures**
Cuisson **45 minutes**

130 g de **raisins secs blonds et bruns**
1 bol de **thé** infusé bien fort
150 g de **fruits confits** : **orange**, **gingembre**, **citron**, **angélique**
1 **gousse de vanille**
10 cl de **crème liquide**
90 g de **beurre** ramolli + 20 g pour le moule
6 c. à s. de **sucre de bouleau** (xylitol)
3 **œufs**
250 g de **farine**
1 sachet de **levure**
6 **cerises confites** pour la décoration

La veille, rincez les raisins secs, mettez-les dans un bol, couvrez-les de thé chaud et laissez macérer toute la nuit.

Le jour même, coupez les fruits confits en petits cubes et mélangez-les avec les raisins égouttés. Fendez la gousse de vanille dans la longueur et grattez-en les graines à la pointe d'un petit couteau. Mettez les graines et la gousse dans une casserole, versez la crème, portez à frémissements puis retirez du feu, couvrez et laissez infuser 10 minutes.

Préchauffez le four à 165 °C.

Battez 60 g de beurre au fouet jusqu'à ce qu'il devienne crémeux, puis ajoutez le sucre de bouleau. Incorporez les œufs un par un, puis la crème à la vanille filtrée. Tamisez la farine et la levure au-dessus de la préparation, ajoutez le mélange raisins-fruits confits et mélangez sans trop travailler la pâte.

Versez la pâte dans un moule à cake beurré, posez les cerises à la surface et enfournez pour 45 minutes. Au bout de 12 minutes, fendez le dessus du cake sur toute sa longueur à la pointe d'un couteau, badigeonnez-le au pinceau du reste du beurre fondu et poursuivez la cuisson jusqu'à son terme.

Laissez refroidir le cake avant de le démouler sur une grille.

cake à la banane

Pour **6 à 8 personnes**
Préparation **15 minutes**
Cuisson **45 à 50 minutes**

40 g de **gingembre confit**
350 g de **bananes très mûres**
85 g de **beurre** ramolli + 15 g pour le moule
6 c. à s. de **sucre de bouleau** (xylitol)
2 **œufs**
225 g de **farine à levure incorporée**

Préchauffez le four à 180 °C.

Hachez le gingembre confit au couteau.
Pelez les bananes et écrasez-les à la fourchette.

Fouettez le beurre ramolli et le sucre de bouleau en pommade très onctueuse au batteur électrique, puis incorporez les bananes écrasées et les œufs un par un. Ajoutez la farine et le gingembre en mélangeant rapidement à la spatule, sans trop travailler la pâte.

Versez la pâte dans un moule à cake généreusement beurré, enfournez et faites cuire 45 à 50 minutes, jusqu'à ce que la pointe d'un couteau plantée au cœur du gâteau en ressorte sèche.

Laissez refroidir avant de démouler le cake sur une grille puis laissez-le rassir quelques heures dans la cuisine avant de le couper en tranches.

Variantes Ajoutez 1 cuillerée à soupe de rhum ambré dans la pâte. Ajoutez 100 g de raisins secs gonflés dans du rhum ambré ou du thé, ou 100 g de pépites de chocolat.

minicakes aux fruits rouges

Pour **9 minicakes**
Préparation **15 minutes**
Cuisson **20 minutes**

- 20 g de **beurre** pour les moules
- 1 **gousse de vanille**
- 2 **yaourts nature, au citron ou à la vanille, sans sucre ajouté**
- 3 **œufs**
- 4 c. à s. de **sirop d'agave**
- 3 c. à s. d'**huile végétale neutre**
- 3 pots de **farine**
- 1 pot de **poudre d'amande**
- 1 sachet de **levure**
- 150 g de **fruits rouges** frais ou surgelés : **groseilles** ou/et **framboises**

Préchauffez le four à 180 °C. Beurrez des moules à minicakes à revêtement antiadhésif ou chemisés de papier sulfurisé.

Fendez la gousse de vanille en deux dans la longueur, grattez-en les graines à la pointe d'un petit couteau et mettez-les dans un grand récipient.

Ajoutez les yaourts, les œufs, le sirop d'agave et l'huile, et fouettez jusqu'à l'obtention d'une préparation mousseuse. Gardez un pot de yaourt pour mesurer le reste des ingrédients.

Mélangez la farine, la poudre d'amande et la levure dans un autre saladier, puis incorporez au mélange précédent.

Répartissez la pâte dans les moules, en ajoutant les fruits frais ou surgelés (non décongelés). Enfournez et faites cuire 20 minutes.

Conseils Ajoutez le zeste finement râpé de 1 citron ou de 1 orange non traité. Inutile de beurrer les moules s'ils sont en silicone.

quatre-quarts

Pour **6 à 8 personnes**
Préparation **15 minutes**
Cuisson **45 minutes**

6 **gros œufs**
le même poids de **farine** + un peu pour le moule
le même poids de **beurre** en pommade (sortez-le plusieurs heures à l'avance) + 20 g pour le moule
1 sachet de **levure chimique**
10 c. à s. de **sucre de bouleau** (xylitol)

Préchauffez le four à 180 °C.

Beurrez et farinez un moule à manqué de 22 cm de diamètre. Pesez les œufs, puis pesez le même poids de farine et de beurre.

Tamisez et mélangez la farine et la levure chimique.

Fouettez les œufs avec le sucre de bouleau, puis incorporez le beurre en pommade jusqu'à l'obtention d'un mélange crémeux. Incorporez ensuite la farine mélangée avec la levure, sans trop travailler la pâte épaisse.

Versez la pâte dans le moule et enfournez pour 45 minutes. Laissez le quatre-quarts tiédir avant de le démouler.

Variante Ajoutez le zeste finement râpé de 1 citron non traité, ou bien 1 cuillerée à soupe de rhum ou d'eau de fleur d'oranger.

Pour un gâteau plus léger, divisez le poids du beurre par deux ou remplacez-le par de la purée d'amande blanche.

Pour un moule à cake, 4 œufs suffiront ; dosez les ingrédients en fonction de leur poids et comptez 6 cuillerées à soupe de sucre de bouleau. Même temps de cuisson.

cake au thé et fleurs bleues

Pour **6 personnes**
Préparation **20 minutes**
Cuisson **45 minutes**

10 cl de **crème liquide**
2 c. à s. de **thé Earl Grey aux bleuets**
1 **gousse de vanille**
60 g de **beurre** ramolli + 20 g pour le moule
6 c. à s. de **sucre de bouleau** (xylitol)
3 **œufs**
250 g de **farine**
1 sachet de **levure**

Pour le glaçage :
6 c. à s. bombées de **sucre de bouleau** (xylitol)
3 c. à c. de **blanc d'œuf**
1 c. à c. de **thé Earl Grey aux bleuets**

Versez la crème dans une petite casserole, ajoutez 1 cuillerée à soupe de thé et la gousse de vanille fendue dans la longueur. Portez à frémissement, puis retirez du feu, couvrez et laissez infuser 5 minutes. Filtrez la crème aromatisée à travers une passoire fine, en écrasant bien les feuilles de thé. Grattez les graines de vanille à la pointe d'un couteau et ajoutez-les dans la crème. Écrasez très finement le reste du thé pour le réduire en poudre.

Préchauffez le four à 165 °C.

Fouettez le beurre jusqu'à ce qu'il devienne crémeux, puis ajoutez le sucre de bouleau et la poudre de thé. Incorporez les œufs un par un puis la crème aromatisée. Tamisez la farine et la levure au-dessus de la préparation, et mélangez sans trop travailler la pâte.

Versez la pâte dans un moule à cake beurré, lissez la surface et enfournez pour 45 minutes.

Laissez refroidir le cake avant de le démouler sur une grille.

Préparez le glaçage : mixez le sucre de bouleau en très fine poudre. Mélangez-le avec le blanc d'œuf, versez sur le cake, étalez à la spatule souple, parsemez de thé et laissez sécher.

carrot cake

Pour **6 à 8 personnes**
Préparation **15 minutes**
Cuisson **45 à 50 minutes**

175 g de **farine à levure incorporée**
95 g de **fécule de pomme de terre** ou de **Maïzena**
30 g de **poudre de noisette**
2 c. à c. rases de **levure chimique**
7 c. à s. de **sucre de bouleau** (xylitol)
2 c. à c. de **cannelle moulue**
1 c. à c. de **gingembre moulu**
150 g de **purée d'amande blanche**
2 c. à s. d'**huile végétale** + 1 c. à s. pour le moule
1 c. à s. de **sirop d'agave**
1 c. à c. d'**extrait naturel de vanille**
4 **œufs**
275 g de **carottes** râpées
édulcorant à la stévia ou **sucre de bouleau** pour saupoudrer

Préchauffez le four à 180 °C.

Huilez un moule à manqué à revêtement antiadhésif ou chemisé de papier sulfurisé.

Mélangez les ingrédients secs dans un grand saladier.

Mélangez la purée d'amande, l'huile, le sirop d'agave et l'extrait de vanille dans un grand récipient, puis incorporez le mélange sec. Ajoutez ensuite les œufs un par un, puis les carottes.

Versez la pâte dans le moule et enfournez pour 45 à 50 minutes.

Laissez le gâteau refroidir avant de le démouler sur le plat de service. Pour servir, saupoudrez d'édulcorant à la stévia ou de sucre de bouleau mixé en sucre glace.

cheese-cake

Pour **6 à 8 personnes**
Préparation **20 minutes**
Cuisson **1 h 40**
Repos **2 heures**

Pour la base :
100 g de **beurre** ramolli + 20 g pour le moule
200 g de **biscuits secs allégés en sucre**, réduits en fines miettes
5 c. à s. de **sucre de bouleau** (xylitol)

Pour la garniture :
1 **gousse de vanille**
1 **citron non traité**
150 g de **beurre** ramolli
9 c. à s. de **sucre de bouleau** (xylitol)
4 **gros œufs**
30 g de **farine**
700 g de **fromage frais** égoutté (**brousse** ou **ricotta**)
6 cl de **lait**

Préchauffez le four à 200 °C.

Faites fondre le beurre puis mélangez-le avec les biscuits et 5 cuillerées à soupe de sucre de bouleau. Étalez cette pâte au fond d'un moule à charnière de 20 à 23 cm de diamètre généreusement beurré, en la tassant bien. Enfournez et faites cuire 8 à 10 minutes, puis laissez refroidir.

Baissez la température du four à 165 °C.

Fendez la gousse de vanille dans la longueur et grattez-en les graines à la pointe d'un petit couteau. Brossez le citron sous l'eau chaude, essuyez-le, râpez-en finement le zeste puis pressez-le.

Fouettez 150 g de beurre en pommade onctueuse, avec 9 cuillerées à soupe de sucre de bouleau et les graines de vanille. Incorporez les œufs un par un puis la farine, le zeste et le jus de citron. Battez le fromage frais dans un autre récipient, en ajoutant progressivement le lait pour le détendre. Puis ajoutez le mélange précédent.

Versez la garniture dans le moule, lissez la surface et enfournez pour 1 h 30 environ. Couvrez éventuellement le gâteau d'une feuille de papier sulfurisé en cours de cuisson si la surface vient à trop se colorer.

Laissez le cheese-cake refroidir dans le four éteint, porte ouverte, puis placez-le pour 2 heures au réfrigérateur.

cheese-cake aux myrtilles

Pour **6 à 8 personnes**
Préparation **20 minutes**
Cuisson **45 à 55 minutes**
Repos **30 minutes**

Pour la compotée de myrtilles :
150 g de **myrtilles** fraîches ou surgelées
3 c. à s. de **sirop d'agave**
2 c. à s. d'**eau**
2 c. à s. de **jus de citron**

Pour le cheese-cake :
20 g de **beurre** ramolli pour le moule
1 **citron non traité**
5 **œufs**, blancs et jaunes séparés
500 g de **fromage frais** égoutté (**brousse** ou **ricotta**)
10 cl de **crème liquide entière**
11 c. à s. de **sucre de bouleau** (xylitol)
2 c. à s. de **fécule de pomme de terre**

Rincez les myrtilles. Portez à ébullition le sirop d'agave avec l'eau et le jus de citron. Ajoutez les myrtilles dans la casserole et faites cuire 3 minutes en remuant, puis retirez du feu et laissez refroidir. Réservez au réfrigérateur.

Préchauffez le four à 180 °C. Chemisez de papier sulfurisé un moule à charnière de 26 cm de diamètre, beurrez-le généreusement. Brossez le citron sous l'eau chaude, essuyez-le et râpez-en finement le zeste puis pressez-le.

Mettez les jaunes d'œufs dans le bol d'un mixeur, avec le fromage frais, la crème liquide, le zeste et le jus de citron, le sucre de bouleau et la fécule de pomme de terre. Mixez jusqu'à l'obtention d'une crème lisse.

Montez les blancs d'œufs en neige ferme et incorporez-les délicatement à la préparation précédente.

Versez la pâte dans le moule et glissez-le sur la grille au bas du four. Faites cuire 45 à 55 minutes. Couvrez éventuellement le gâteau d'une feuille de papier sulfurisé en cours de cuisson si la surface vient à trop se colorer.

Laissez le cheese-cake refroidir 30 minutes avant de le démouler. Servez-le à température ambiante ou après quelques heures passées au réfrigérateur. Accompagnez de compotée de myrtilles.

Note Inutile de faire décongeler les myrtilles à l'avance.

financiers au thé vert

Pour **12 à 15 petits financiers**
Préparation **15 minutes**
Repos **1 heure**
Cuisson **9 à 10 minutes**

150 g de **beurre**
1 c. à c. de **sirop d'agave** (facultatif)
120 g de **poudre d'amande**
50 g de **farine** + un peu pour les moules
1 c. à c. de **poudre de thé matcha**
7 c. à s. de **sucre de bouleau** (xylitol)
4 **blancs d'œufs**

Faites fondre le beurre sur feu doux, ajoutez le sirop d'agave puis laissez refroidir.

Mélangez la poudre d'amande, la farine, le thé vert et le sucre de bouleau.

Montez les blancs d'œufs en neige ferme et incorporez-les délicatement à la préparation sèche à l'aide d'une spatule, en tournant toujours dans le même sens et en soulevant la pâte. Puis incorporez le beurre fondu par le même geste. Laissez reposer la pâte 1 heure au réfrigérateur.

Préchauffez le four à 220 °C. Beurrez et farinez des moules plats s'ils ne sont pas en silicone.

Garnissez chaque moule de 1 cuillerée de pâte, sans tasser ni égaliser, et glissez au milieu du four pour 9 à 10 minutes.

Démoulez délicatement les financiers sur une grille à la sortie du four, laissez refroidir et dégustez sans tarder.

Note C'est à la sortie du four ou dans les quelques heures qui suivent que les financiers sont les meilleurs.

financiers aux framboises

Pour **6 grands financiers**
Préparation **15 minutes**
Cuisson **10 minutes**

1 **gousse de vanille**
70 g de **purée d'amande blanche**
7 cl de **lait d'amande**
1 c. à s. de **sirop d'agave**
125 g de **poudre d'amande**
60 g de **farine** + un peu pour les moules
5 **blancs d'œufs**
1 pincée de **sel**
20 g de **beurre** pour les moules
90 g de **framboises** fraîches ou surgelées

Fendez la gousse de vanille en deux et grattez-la avec un petit couteau, mettez les graines dans un bol. Ajoutez la purée d'amande, le lait d'amande et le sirop d'agave, et mélangez.

Mélangez la poudre d'amande et la farine dans un grand récipient.

Montez les blancs d'œufs en neige, avec 1 pincée de sel. Versez-les sur le mélange sec, ajoutez la préparation à la purée d'amande et mélangez, en tournant toujours dans le même sens pour ne pas casser les œufs, jusqu'à l'obtention d'une pâte homogène.

Préchauffez le four à 220 °C. Beurrez et farinez des moules à minicakes s'ils ne sont pas en silicone.

Garnissez chaque moule de pâte aux 2/3 de leur contenance. Posez 3 framboises fraîches ou surgelées (sans décongélation) à la surface de chaque financier et glissez au milieu du four pour 10 minutes.

Démoulez délicatement les financiers sur une grille à la sortie du four, laissez refroidir et dégustez sans tarder.

Note C'est à la sortie du four ou dans les quelques heures qui suivent que les financiers sont les meilleurs.

cannelés

Pour **30 petits cannelés**
Préparation **15 minutes**
Repos **12 à 24 heures**
Cuisson **35 minutes**

1 **gousse de vanille**
25 cl de **lait**
20 g de **beurre**
1 **œuf** + 1 **jaune d'œuf**
3 c. à s. de **sirop d'agave**
6 c. à s. de **sucre de bouleau** (xylitol)
70 g de **farine**
1 c. à s. de **rhum ambré**

La veille, fendez la gousse de vanille dans la longueur et grattez-en les graines avec un petit couteau. Mettez les graines et la gousse dans une casserole avec le lait, portez à ébullition puis retirez du feu, couvrez et laissez infuser jusqu'à parfait refroidissement. Faites fondre le beurre puis laissez-le refroidir.

Fouettez l'œuf et le jaune d'œuf dans un saladier, avec le sirop d'agave et le sucre de bouleau, puis incorporez la farine jusqu'à l'obtention d'une pâte lisse. Ajoutez ensuite le beurre fondu, le lait filtré à température ambiante et le rhum. Couvrez et laissez reposer 12 à 24 heures au réfrigérateur.

Le jour même, préchauffez le four à 210 °C, en position traditionnelle (résistance en haut et en bas) en retirant la grille. Posez une plaque de petits moules à cannelés en silicone de 3,5 cm de diamètre sur la grille.

Sortez la pâte du réfrigérateur, mélangez-la vivement puis remplissez les petits moules aux 2/3 de leur contenance. Glissez la grille au plus bas du four et faites cuire 35 minutes, sans ouvrir, jusqu'à ce que les petits cannelés soient brun caramel.

Démoulez à chaud et laissez les cannelés tiédir sur une grille. Dégustez à température ambiante.

Note Le repos de la pâte pendant 12 heures au moins est indispensable.

crèmes & entremets

crèmes orange et fleur d'oranger

Pour **6 personnes**
Préparation **10 minutes**
Cuisson **5 minutes**
Réfrigération **2 heures**

1 **orange non traitée**
2 **jaunes d'œufs**
4 c. à s. d'**édulcorant à la stévia**
½ c. à s. d'**extrait de vanille liquide**
1 c. à s. d'**eau de fleur d'oranger**
1 c. à s. de **Maïzena**
50 cl de **lait entier**
1 c. à s. de **zeste d'orange non traitée** pour la décoration

Brossez l'orange sous l'eau chaude. Séchez-la et râpez-en le zeste à la grille fine.

Fouettez les jaunes d'œufs, l'édulcorant à la stévia, l'extrait de vanille liquide, l'eau de fleur d'oranger, le zeste d'orange et la Maïzena dans un saladier.

Portez le lait à frémissements dans une grande casserole puis versez-le chaud, en filet, sur le mélange aux œufs, en remuant vivement au fouet.

Reversez le mélange dans la casserole et faites chauffer à feu très doux jusqu'à ce que la préparation épaississe. Versez dans 6 verrines et laissez refroidir au réfrigérateur 2 heures au moins.

Décorez d'un peu de zeste d'orange et servez très frais.

crèmes au citron

Pour **6 personnes**
Préparation **10 minutes**
Cuisson **30 à 35 minutes**
Réfrigération **2 heures**

1 **citron non traité**
1 **gousse de vanille**
6 **œufs**
6 c. à s. de **sirop d'agave**
40 cl de **crème liquide**

Préchauffez le four à 150 °C. Préparez un bain-marie en y glissant un plat en métal rempli à moitié d'eau chaude. Brossez le citron sous l'eau chaude et râpez-en le zeste à la grille fine. Pressez-le pour obtenir 15 cl de jus.

Fendez la gousse de vanille dans la longueur et grattez-en les graines à la pointe d'un petit couteau. Mettez-les dans un saladier, avec les œufs, le sirop d'agave et la crème, et mélangez vivement au fouet. Puis ajoutez le jus et le zeste de citron, en fouettant toujours.

Répartissez la préparation dans 6 ramequins. Faites cuire les crèmes au four, au bain-marie, pendant 30 à 35 minutes.

À la sortie du four, retirez immédiatement les crèmes du bain-marie, videz-le et remplacez l'eau chaude par de l'eau glacée. Posez les pots de crème dans le plat et glissez-le immédiatement au plus froid du réfrigérateur, pour 2 heures au moins. Servez les crèmes bien froides.

Note Ici, le sirop d'agave est important pour adoucir l'acidité du citron.

crèmes à la pêche

Pour **6 personnes**
Préparation **15 minutes**
Cuisson **1 minute**
Réfrigération **2 à 3 heures**

900 g de **pêches jaunes bien mûres** pour 600 g de chair
20 g de **Maïzena**
1 c. à c. rase de **cannelle moulue** (facultatif)
4 c. à s. d'**édulcorant à la stévia**
15 cl de **lait**
50 cl de **crème liquide**

Pelez les pêches, coupez-les en deux et retirez le noyau. Pesez 600 g de chair, coupez-la en morceaux et mettez-les dans le bol d'un mixeur.

Diluez la Maïzena, la cannelle et l'édulcorant dans le lait froid. Versez le mélange dans le bol du mixeur et réduisez le tout en fine purée.

Versez la crème liquide dans une casserole et portez à frémissements. Ajoutez la purée de pêches et laissez frémir 1 minute en remuant.

Répartissez la préparation dans 6 tasses ou jolies coupelles et laissez refroidir, puis couvrez de film alimentaire et placez au réfrigérateur. Servez frais.

Variantes Remplacez les pêches par des nectarines, des brugnons, des abricots, des poires ou encore des mangues.

crèmes au thé vert

Pour **6 personnes**
Préparation **10 minutes**
Cuisson **30 minutes**
Réfrigération **2 heures**

1 **gousse de vanille**
50 cl de **lait**
1 **œuf** + 4 **jaunes d'œufs**
4 c. à s. d'**édulcorant à la stévia**
2 c. à c. bombées de **thé vert en poudre**

Préchauffez le four à 150 °C. Préparez un bain-marie en y glissant un plat en métal rempli à moitié d'eau chaude.

Fendez la gousse de vanille dans la longueur et grattez-en les graines à la pointe d'un petit couteau. Mettez-les dans une casserole, ajoutez le lait, portez à frémissements puis retirez du feu.

Fouettez vivement les œufs dans un saladier, avec l'édulcorant à la stévia et la poudre de thé vert, puis versez le lait chaud en filet, en fouettant.

Répartissez la préparation dans 6 petits bols ou ramequins résistants à la chaleur. Faites-les cuire au four, dans le bain-marie, pendant 30 minutes.

À la sortie du four, retirez immédiatement les crèmes du bain-marie, videz-le et remplacez l'eau chaude par de l'eau glacée. Posez les pots de crème dans le plat et glissez-le immédiatement au plus froid du réfrigérateur, pour 2 heures au moins. Servez très frais.

Variante Pour un peu plus de douceur, remplacez l'édulcorant à la stévia par 4 cuillerées à soupe de sirop d'agave.

crèmes brûlées

Pour **6 personnes**
Préparation **10 minutes**
Cuisson **55 minutes à 1 heure**
Réfrigération **2 heures**

1 **gousse de vanille**
30 cl de **crème liquide entière**
30 cl de **lait**
6 **jaunes d'œufs**
½ c. à c. rase d'**extrait de stévia raffiné en poudre** (0,38 g)
3 c. à s. de **cassonade**

Préchauffez le four à 100 °C.

Fendez la gousse de vanille en deux dans la longueur et grattez les graines à la pointe d'un petit couteau. Mettez les graines et la gousse dans une casserole, versez la crème et le lait, portez à frémissements puis retirez du feu.

Fouettez les jaunes d'œufs et l'extrait de stévia dans un récipient puis versez le mélange lait-crème chaud et filtré, en filet, sans cesser de fouetter vigoureusement.

Versez la crème obtenue dans 6 ramequins de 12 cl posés sur la plaque du four, puis enfournez pour 55 minutes à 1 heure de cuisson. Les crèmes doivent être prises mais encore tremblotantes. Laissez-les refroidir à la sortie du four puis placez-les pour 2 heures au moins au réfrigérateur.

Sortez les ramequins bien froids du réfrigérateur 15 minutes avant de servir. Posez-les sur un lit de glaçons, saupoudrez-les de cassonade et faites-les caraméliser au chalumeau de cuisine ou 2 à 3 minutes sous le gril du four. Replacez-les pour 10 minutes au frais avant de servir.

Variante En plus de la vanille, parfumez l'appareil à crème brûlée avec des épices douces : réglisse, cardamome, cannelle, safran…

Conseil 40 minutes de cuisson suffisent pour des crèmes brûlées en miniramequins ou en ramequins à crèmes brûlées très peu profonds.

petits pots de crème coco

Pour **6 personnes**
Préparation **10 minutes**
Cuisson **30 minutes**
Réfrigération **2 heures**

1 **gousse de vanille**
20 cl de **crème liquide**
40 cl de **lait de coco**
1 **œuf** + 4 **jaunes d'œufs**
4 c. à s. de **sucre de bouleau** (xylitol)
2 c. à s. de **sirop d'agave**
1 c. à s. de **copeaux de noix de coco séchés**

Préchauffez le four à 150 °C. Préparez un bain-marie en y glissant un grand plat à gratin rempli à moitié d'eau chaude.

Fendez la gousse de vanille en deux dans la longueur et grattez les graines à la pointe d'un petit couteau. Mettez-les, avec la gousse, dans une casserole, versez la crème liquide et le lait de coco, portez à frémissements puis retirez du feu, couvrez et laissez infuser.

Fouettez vivement les œufs, le sucre de bouleau et le sirop d'agave dans un saladier. Retirez la gousse de vanille et versez le mélange au lait de coco chaud en filet, sans cesser de fouetter vigoureusement.

Répartissez la crème dans 6 ramequins préalablement beurrés, puis enfournez au bain-marie pour 30 minutes.

Laissez les crèmes refroidir à la sortie du four puis placez-les pour 2 heures au moins au réfrigérateur.

Décorez les crèmes de copeaux de noix de coco séchés et servez très frais.

Variantes Ajoutez un petit morceau de la gousse de vanille à la surface de chaque pot de crème avant d'enfourner. Remplacez le sucre de bouleau par 4 cuillerées à soupe de sirop d'agave.

crèmes café au caramel

Pour **6 personnes**
Préparation **15 minutes**
Cuisson **30 à 35 minutes**
Réfrigération **4 heures**

1 **gousse de vanille**
1 litre de **lait entier**
1 c. à s. de **café soluble**
8 c. à s. de **sirop d'agave**
8 **œufs**
4 c. à s. d'**édulcorant à la stévia**

Préchauffez le four à 150 °C. Préparez un bain-marie en glissant la lèchefrite remplie à moitié d'eau très chaude au milieu du four.

Mettez les graines et la gousse de vanille fendue dans une casserole, ajoutez le lait, portez à frémissements puis ajoutez le café soluble. Mélangez. Retirez du feu, couvrez et laissez infuser.

Faites caraméliser le sirop d'agave dans une petite casserole à fond épais jusqu'à ce qu'il prenne une jolie couleur caramel, puis versez-le au fond de 6 ramequins.

Retirez la gousse de vanille du lait. Fouettez les œufs dans un saladier, avec l'édulcorant à la stévia, puis versez le lait en filet, en continuant de fouetter.

Répartissez la préparation dans les ramequins et enfournez-les pour 30 à 35 minutes au bain-marie. Vérifiez la cuisson en enfonçant la lame d'un couteau dans les crèmes ; elle doit ressortir sèche.

Laissez refroidir les crèmes puis placez-les pour 4 heures au moins au réfrigérateur.

Pour les démouler, trempez le fond des ramequins pendant 1 minute dans l'eau chaude, décollez les crèmes en glissant la lame fine d'un couteau le long de la paroi des ramequins, posez une petite assiette sur chaque ramequin, retournez et laissez les crèmes glisser sur les assiettes.

crèmes vanille au caramel

Pour **8 personnes**
Préparation **10 minutes**
Cuisson **30 à 35 minutes**
Réfrigération **3 heures**

1 **gousse de vanille**
1 litre de **lait entier**
8 c. à s. de **sirop d'agave**
8 **œufs**
4 c. à s. d'**édulcorant à la stévia**

Préchauffez le four à 150 °C. Préparez un bain-marie en glissant la lèchefrite remplie à moitié d'eau très chaude au milieu du four.

Fendez la gousse de vanille dans la longueur et grattez-en les graines à la pointe d'un petit couteau. Mettez les graines et la gousse dans une casserole, ajoutez le lait, portez à frémissements puis retirez du feu, couvrez et laissez infuser.

Faites caraméliser le sirop d'agave dans une petite casserole à fond épais jusqu'à ce qu'il prenne une jolie couleur caramel, puis versez-le immédiatement au fond de 8 ramequins.

Retirez la gousse de vanille du lait. Fouettez les œufs dans un saladier, avec l'édulcorant à la stévia, puis versez le lait en filet, en continuant de fouetter vivement.

Répartissez la préparation dans les ramequins et enfournez-les pour 30 à 35 minutes au bain-marie. Vérifiez la cuisson en enfonçant la lame d'un couteau dans les crèmes ; elle doit ressortir sèche.

Laissez refroidir les crèmes avant de les placer au réfrigérateur pour 3 heures au moins. Servez bien froid.

Variantes Remplacez l'édulcorant à la stévia par 4 cuillerées à soupe de sirop d'agave. Ajoutez le zeste finement râpé de 1 orange dans la préparation.

riz au lait

Pour **6 personnes**
Préparation **5 minutes**
Cuisson **30 minutes**

1 litre de **lait demi-écrémé**
1 **gousse de vanille**
1 pincée de **cannelle moulue**
225 g de **riz rond**
2 c. à s. de **sirop d'agave**

Versez le lait dans une grande casserole, ajoutez la gousse de vanille fendue et la cannelle, portez à frémissements.

Rincez le riz à l'eau claire dans une passoire. Versez-le dans le lait bouillant, couvrez et faites cuire à feu très doux pendant 30 minutes, sans remuer.

Retirez du feu, ajoutez le sirop d'agave, mélangez et laissez tiédir.

Répartissez le riz au lait dans des petites verrines et servez tiède ou froid.

Variante Remplacez la cannelle par 4 capsules de cardamome.

riz au lait crémeux aux cerises

Pour **6 personnes**
Préparation **15 minutes**
Cuisson **35 minutes**

1 litre de **lait demi-écrémé**
1 **gousse de vanille**
1 petit **bâton de cannelle**
225 g de **riz rond**
5 c. à s. de **sirop d'agave**
400 g de **cerises** surgelées (griottes)
1 c. à s. de **jus de citron**
30 cl de **crème liquide entière**
6 petits **sablés allégés en sucre**

Versez le lait dans une grande casserole, ajoutez la gousse de vanille fendue et le bâton de cannelle, portez à frémissements.

Rincez le riz à l'eau claire dans une passoire. Versez-le dans le lait bouillant, couvrez et faites cuire à feu très doux pendant 30 minutes, sans remuer. Retirez du feu, ajoutez 3 cuillerées à soupe de sirop d'agave, mélangez et laissez refroidir.

Mettez les cerises dans une casserole, avec le jus de citron et 2 cuillerées à soupe de sirop d'agave. Faites-les compoter à feu très doux pendant 5 minutes environ. Retirez du feu, laissez refroidir et placez au frais.

Montez la crème liquide très froide en chantilly au batteur électrique, puis incorporez délicatement au riz au lait froid. Répartissez dans des petites verrines et placez au réfrigérateur.

Répartissez la compotée de cerises bien froide sur le riz au lait au moment de servir, ajoutez les petits sablés émiettés et dégustez sans attendre.

Variante La compotée de cerises peut être préparée la veille. Pour un dessert allégé, supprimez l'étape de la chantilly et n'ajoutez que 2 cuillerées à soupe de sirop d'agave dans le riz.

riz au lait de soja à la cannelle

Pour **6 personnes**
Préparation **5 minutes**
Cuisson **30 minutes**

225 g de **riz rond**
1 litre de **lait de soja à la vanille**
10 cl d'**eau**
2 c. à c. de **cannelle moulue**
2 c. à s. d'**édulcorant à la stévia**

Faites cuire le riz 5 minutes dans une grande casserole d'eau bouillante. Égouttez-le et mettez-le dans une grande casserole à fond épais.

Versez le lait de soja, l'eau et 1 cuillerée à café de cannelle. Mélangez et portez à ébullition, puis baissez le feu, couvrez à demi et faites cuire 20 à 25 minutes à très petits bouillons, en surveillant et en remuant de temps en temps. Après avoir absorbé tout le liquide, le riz doit être crémeux.

Retirez du feu en fin de cuisson, ajoutez l'édulcorant à la stévia et mélangez bien. Versez le riz dans de petites verrines et servez chaud, tiède ou froid. Saupoudrez de 1 pincée de cannelle au moment de servir.

panna cotta et fruits de la passion

Pour **6 personnes**
Préparation **15 minutes**
Infusion **30 minutes**
Réfrigération **6 heures**

1 **gousse de vanille**
40 cl de **crème liquide**
4 ½ feuilles de **gélatine** (9 g)
30 cl de **lait concentré non sucré**
3 c. à s. d'**édulcorant à la stévia**
6 **fruits de la passion**
6 c. à c. de **sirop d'agave** (facultatif)

Fendez la gousse de vanille dans la longueur et grattez-en les graines à la pointe d'un petit couteau. Mettez les graines et la gousse dans une grande casserole, ajoutez la crème, portez à frémissements puis retirez du feu. Couvrez et laissez infuser 30 minutes.

Mettez les feuilles de gélatine à ramollir 10 minutes dans un bol d'eau froide.

Retirez la gousse de vanille, réchauffez la crème liquide à feu doux puis retirez du feu. Ajoutez la gélatine essorée et mélangez jusqu'à complète dissolution. Ajoutez ensuite le lait concentré et l'édulcorant à la stévia en mélangeant bien.

Répartissez la crème dans des verres, des bols, des ramequins ou de petits moules individuels rincés à l'eau froide et non essuyés, et faites prendre 6 heures au moins au réfrigérateur.

Démoulez les panna cotta avant de servir sur 6 petites assiettes, coupez les fruits de la passion en deux et videz-les dessus. Versez 1 cuillerée à café de sirop d'agave sur chaque crème et servez bien frais.

Conseils Pour parfumer le lait, ajoutez dans l'infusion à la vanille 5 capsules de cardamome. L'idéal est de préparer les panna cotta la veille et de les laisser prendre toute la nuit.

panna cotta au café

Pour **6 personnes**
Préparation **15 minutes**
Réfrigération **8 heures**

4 feuilles de **gélatine** (8 g)
30 cl de **crème liquide**
30 cl de **lait concentré non sucré**
3 c. à s. d'**édulcorant à la stévia**
1 c. à c. d'**extrait de café**
18 cl de **café espresso fort**
6 brins de **menthe** ou de **mélisse fraîche**
6 **grains de café enrobés de chocolat**

Mettez 3 feuilles de gélatine à ramollir 10 minutes dans un bol d'eau froide.

Versez la crème dans une casserole, portez à frémissements puis retirez du feu. Ajoutez la gélatine essorée et mélangez jusqu'à complète dissolution. Ajoutez ensuite le lait concentré, l'édulcorant à la stévia et l'extrait de café en mélangeant bien.

Versez la crème dans 6 verrines, aux $2/3$ de leur contenance, et placez pour 6 heures au réfrigérateur.

Faites ramollir la dernière feuille de gélatine 10 minutes dans un bol d'eau froide. Essorez-la puis incorporez-la au café espresso bien chaud, en mélangeant jusqu'à complète dissolution. Laissez refroidir 5 minutes puis versez sur les panna cotta juste sorties du réfrigérateur. Replacez pour 2 heures au moins au réfrigérateur avant de servir très frais.

Décorez de menthe ou de mélisse fraîche et de grains de café enrobés de chocolat.

Variantes Remplacez l'édulcorant à la stévia par 3 cuillerées à soupe de sirop d'agave. Remplacez les grains de café par 3 spéculoos émiettés ou de fins palets au chocolat noir.

Conseil L'idéal est de préparer les panna cotta la veille et de les laisser prendre toute la nuit.

panna cotta amande-pistache

Pour **6 personnes**
Préparation **15 minutes**
Réfrigération **6 heures**

4 ½ feuilles de **gélatine** (9 g)
40 cl de **crème d'amande liquide** (de cuisine)
30 cl de **lait d'amande**
9 c. à s. de **sirop d'agave**
30 g de **pistaches vertes non salées**

Mettez les feuilles de gélatine à ramollir 10 minutes dans un bol d'eau froide.

Portez la crème d'amande liquide à frémissements dans une grande casserole, puis retirez du feu, ajoutez la gélatine essorée et mélangez jusqu'à complète dissolution. Incorporez ensuite le lait d'amande et 3 cuillerées à soupe de sirop d'agave. Mélangez bien.

Répartissez la crème dans des verres, des bols, des ramequins ou des petits moules individuels rincés à l'eau froide et non essuyés, et faites prendre 6 heures au moins au réfrigérateur.

Démoulez les panna cotta sur 6 petites assiettes juste avant de servir.

Faites caraméliser 6 cuillerées à soupe de sirop d'agave dans une petite casserole à fond épais jusqu'à ce qu'il prenne une jolie couleur caramel, puis versez-le immédiatement sur les panna cotta très froides.

Parsemez de pistaches concassées rapidement torréfiées à la poêle et servez.

Variante Remplacez les 3 cuillerées à soupe de sirop d'agave mélangées avec la crème par 4 cuillerées à soupe d'édulcorant à la stévia.

Conseil L'idéal est de préparer les panna cotta la veille et de les laisser prendre toute la nuit.

sabayons au café

Pour **6 personnes**
Préparation **10 minutes**
Cuisson **15 minutes**
Réfrigération **30 minutes**

2 **espresso très serrés**
9 **jaunes d'œufs**
6 c. à s. d'**édulcorant à la stévia**
cacao amer en poudre

Préparez les espressos forts et laissez-les tiédir.

Mettez les jaunes d'œufs dans un cul-de-poule à poser sur un bain-marie, ajoutez la moitié du café tiède en filet et battez le mélange au fouet.

Posez le cul-de-poule sur le bain-marie frémissant, ajoutez le reste du café et continuez de fouetter sans cesse jusqu'à ce que la préparation double de volume et forme une mousse épaisse.

Versez la préparation dans un saladier, incorporez l'édulcorant à la stévia et continuez de fouetter jusqu'à complet refroidissement. Versezla crème dans 6 petits verres et placez au réfrigérateur pour 30 minutes.

Saupoudrez de cacao au moment de servir bien frais.

sabayons aux fruits rouges

Pour **6 personnes**
Préparation **20 minutes**
Cuisson **2 minutes**

400 g de **fruits rouges** frais : **framboises**, **mûres**, **groseilles**, **cassis**…
6 **jaunes d'œufs**
15 cl de **jus d'orange**
3 c. à s. d'**alcool** au choix : **marsala**, **Grand Marnier**, **mandarine impériale** (facultatif)
7 c. à s. d'**édulcorant à la stévia**

Lavez les fruits, séchez-les délicatement, équeutez ou égrenez-les et disposez-les dans 6 petits plats à gratin.

Mettez les jaunes d'œufs dans un cul-de-poule à poser sur un bain-marie, ajoutez la moitié du jus d'orange en filet et battez le mélange au fouet.

Posez le cul-de-poule sur le bain-marie frémissant, ajoutez le reste du jus d'orange et continuez de fouetter sans cesse jusqu'à ce que la préparation double de volume et forme une mousse stable et épaisse. Ajoutez alors l'alcool et continuez de fouetter 3 minutes. Retirez du feu et incorporez 6 cuillerées à soupe d'édulcorant à la stévia, en fouettant toujours.

Préchauffez le gril du four au maximum de sa puissance.

Nappez les fruits avec le sabayon et glissez-les sous le gril du four bien chaud, pour 2 minutes environ, jusqu'à légère coloration. Surveillez attentivement.

Saupoudrez d'édulcorant à la stévia et servez sans attendre.

Variantes Remplacez le jus d'orange par un vin doux. Ajoutez des fraises émincées dans le mélange de fruits.

tian de pommes, oranges et citron vert

Pour **6 personnes**
Préparation **10 minutes**
Cuisson **30 minutes**

2 **citrons verts non traités**
5 **oranges**
2 c. à s. de **sirop d'agave**
3 **pommes**
glace vanille pour servir

Préchauffez le four à 180 °C.

Brossez les citrons verts sous l'eau chaude, séchez-les et râpez-en le zeste à la grille fine.

Pressez 2 oranges puis mélangez le jus avec le sirop d'agave et le zeste de citron vert.

Lavez les pommes, essuyez-les, évidez-les et coupez-les en fines rondelles.

Pelez à vif les 3 oranges restantes et découpez-les en fines rondelles. Disposez les pommes et les oranges, en les faisant se chevaucher en alternance, dans un plat à gratin ou 6 petits plats individuels et arrosez de sirop.

Placez-les au milieu du four pour 30 minutes, en arrosant régulièrement les fruits de leur sirop.

Servez chaud ou tiède, avec 1 boule de glace.

gratins de figues

Pour **6 personnes**
Préparation **20 minutes**
Cuisson **2 minutes**

18 **petites figues bien mûres**
4 **jaunes d'œufs**
4 c. à s. de **jus d'orange**
240 g de **fromage blanc** battu
7 c. à s. rases d'**édulcorant à la stévia**

Nettoyez les figues, coupez-les en deux et disposez-les dans 6 petites assiettes creuses.

Préparez un sabayon : mettez les jaunes d'œufs dans un cul-de-poule à poser sur un bain-marie, ajoutez le jus d'orange et battez le mélange au fouet. Ajoutez le fromage blanc, posez le cul-de-poule sur le bain-marie frémissant et continuez de fouetter sans cesse jusqu'à l'obtention d'une crème légèrement épaisse et mousseuse. Retirez du feu et incorporez 6 cuillerées à soupe d'édulcorant à la stévia, en continuant de fouetter.

Préchauffez le gril du four au maximum de sa puissance.

Nappez les figues de sabayon et glissez-les sous le gril du four bien chaud pour 2 minutes environ, jusqu'à légère coloration. Surveillez attentivement.

Saupoudrez d'édulcorant à la stévia et servez sans attendre.

Variantes Pour la confection du sabayon, remplacez l'édulcorant à la stévia par 6 cuillerées à soupe de sirop d'agave. Remplacez le jus d'orange par 3 cuillerées à soupe d'alcool de figues, de prunes ou du rhum ambré.

Conseil S'il vous en reste, gardez le sabayon au réfrigérateur et servez-le très froid avec des fruits rouges.

îles flottantes

Pour **8 personnes**
Préparation **30 minutes**
Cuisson **7 minutes**
Réfrigération **1 heure**

1 **gousse de vanille**
50 cl de **lait**
8 **œufs**, blancs et jaunes séparés
à peine ¼ de c. à c. rase d'**extrait de stévia raffiné en poudre**
5 c. à s. de **sirop d'agave**
25 g de **beurre** pour les ramequins
3 c. à s. de **cassonade**
1 c. à c. de **cacao amer en poudre**

Mettez les graines et la gousse de vanille fendue dans une casserole, avec le lait, portez à ébullition puis couvrez et réservez.

Dans un saladier, fouettez les jaunes d'œufs, l'extrait de stévia et 2 cuillerées à soupe de sirop d'agave. Versez doucement le lait chaud et filtré, sans cesser de fouetter. Remettez le tout dans la casserole et faites cuire à feu doux, sans laisser bouillir, en remuant, jusqu'à ce que le mélange nappe la cuillère. Laissez refroidir en remuant souvent puis placez la crème au réfrigérateur.

Préchauffez le four à 180 °C, préparez un bain-marie en y glissant un grand plat à gratin rempli à moitié d'eau chaude.

Faites chauffer 3 cuillerées à soupe de sirop d'agave dans une petite casserole. Montez les blancs d'œufs en neige puis versez doucement le sirop chaud, en battant.

Répartissez les blancs en neige dans 8 ramequins beurrés, en tassant bien et en lissant la surface. Enfournez dans le bain-marie pour 7 minutes. Sortez le bain-marie du four et laissez refroidir 5 minutes. Démoulez dans des coupelles, versez la crème autour et réservez au réfrigérateur.

Juste avant de servir, faites un caramel avec la cassonade dans une petite casserole à fond épais. Retirez du feu et versez vite de très légers filets de caramel sur les îles flottantes. Saupoudrez de cacao et servez.

salades de fruits, mousses & Cie

salade d'oranges au thé vert

Pour **6 personnes**
Préparation **15 minutes**

15 cl d'**eau**
3 c. à c. de bon **thé vert** + 1 pincée
9 **oranges**
3 c. à s. de **sirop d'agave** ou 3 c. à c. d'**édulcorant à la stévia**

Faites bouillir l'eau. Mettez le thé dans un bol, versez l'eau frémissante dessus, couvrez et laissez infuser 5 minutes.

Pelez à vif 6 oranges, coupez-les en fines rondelles et mettez-les dans un saladier.

Filtrez le thé infusé, ajoutez le jus des 3 oranges restantes et le sirop d'agave ou l'édulcorant à la stévia, mélangez bien et versez sur les rondelles d'orange. Ajoutez 1 pincée de feuilles de thé vert et réservez au frais jusqu'au moment de servir.

poires pochées aux fruits rouges

Pour **6 personnes**
Préparation **10 minutes**
Cuisson **15 minutes**
Refroidissement **1 heure**

1 **citron non traité**
1 **orange non traitée**
6 belles **poires**
100 g de **fruits rouges** :
groseilles, **framboises**, **cassis**, **myrtilles**, **mûres**
3 c. à s. de **sirop d'agave** (facultatif)
2 pincées de **noix de muscade**
2 **étoiles de badiane** (anis étoilé)

Brossez le citron et l'orange sous l'eau chaude puis râpez-en le zeste à la grille fine. Mettez-le dans une casserole. Pressez les agrumes au-dessus d'un bol.

Pelez les poires entières, en conservant la queue. Déposez-les au fur et à mesure, debout, dans la casserole, en les arrosant de la moitié du jus d'agrumes.

Mixez les fruits rouges avec le reste du jus d'agrumes puis filtrez. Versez le coulis obtenu dans la casserole, avec le sirop d'agave, la noix de muscade et la badiane. Ajoutez de l'eau froide jusqu'aux 2/3 de la hauteur des poires. Portez à ébullition puis couvrez et maintenez la cuisson à légers frémissements pendant 15 minutes, jusqu'à ce que les poires soient moelleuses à cœur.

Retirez les poires avec une écumoire, mettez-les dans un plat et laissez refroidir. Laissez refroidir le sirop 1 heure à température ambiante.

Versez le sirop filtré sur les poires et servez tout de suite, ou réservez au réfrigérateur. Servez tel quel, avec quelques fruits rouges frais, ou en accompagnement d'un riz au lait ou d'une boule de glace vanille.

Conseils L'ajout de sirop d'agave est facultatif, le sucre des fruits peut suffire. Ou remplacez le sirop d'agave par 3 cuillerées à soupe de sucre de bouleau. Congelez le sirop restant pour l'ajouter à vos salades de fruits.

soupe fraises-pastèque au basilic

Pour **6 personnes**
Préparation **15 minutes**
Congélation **1 heure**

1,2 kg de **pastèque**
600 g de **fraises très parfumées** : **gariguettes**, **ciflorettes** ou **charlottes**
10 grosses **feuilles de basilic**
½ c. à c. de **poivre du moulin** ou de **mélange 5-baies**
3 c. à s. de **sirop d'agave** ou 3 c. à c. d'**édulcorant à la stévia** (facultatif)

Coupez la pastèque en quartiers, retirez la peau, éliminez les graines et coupez la chair en cubes. Mettez-les dans une boîte hermétique et placez pour 1 heure au congélateur.

Ce temps passé, lavez les fraises et équeutez-les. Lavez le basilic, séchez-le, effeuillez-le et ciselez-le.

Mettez les fraises, les dés de pastèque, le basilic, le poivre ou le mélange 5-baies, le sirop d'agave ou l'édulcorant à la stévia dans le bol d'un blender et mixez jusqu'à l'obtention de la consistance souhaitée.

Servez sans attendre, dans des bols réfrigérés.

Variante Ajoutez quelques feuilles de menthe fraîche.

granité de citron et citron vert

Pour **6 personnes**
Préparation **10 minutes**
Congélation **4 heures**

3 **citrons non traités**
3 **citrons verts non traités**
130 g de **sirop d'agave**

Brossez 2 citrons et 2 citrons verts sous l'eau chaude et râpez-en le zeste à la grille fine. Gardez-en 2 cuillerées à café dans une boîte hermétique au réfrigérateur pour la présentation.

Mélangez le reste du zeste avec le jus des 6 citrons et le sirop d'agave, puis ajoutez de l'eau pour obtenir 1 litre de jus.

Versez la préparation dans un plat à gratin, en métal inoxydable de préférence. Laissez prendre 3 à 4 heures au congélateur, en remuant la préparation toutes les 20 minutes à l'aide d'une fourchette, en décollant les bords pour les mêler au centre encore liquide. Continuez jusqu'à cristallisation totale en paillettes.

Pour servir, répartissez le granité dans 6 coupelles ou verres à pied, parsemez du zeste réservé et servez aussitôt.

Variantes Ajoutez 2 tours de moulin de poivre blanc dans le mélange. Ajoutez 3 cuillerées à soupe de limoncello, tout en sachant qu'il constitue un apport en sucre et que l'alcool ralentit la congélation.

compote pommes-poires au yaourt croustillant

Pour **6 personnes**
Préparation **15 minutes**
Cuisson **40 minutes**

6 **pommes**
3 **poires**
1 **bâton de cannelle**
3 **yaourts nature non sucrés**
90 g de **muesli aux fruits sans sucre ajouté**

Pelez les pommes et les poires, évidez-les puis coupez-les en morceaux.

Mettez les fruits dans une casserole, avec ½ verre d'eau et la cannelle. Faites cuire à couvert, à feu très doux, pendant 30 minutes, en surveillant et en remuant régulièrement. Retirez le couvercle et poursuivez la cuisson 10 minutes environ, jusqu'à ce que les fruits soient bien compotés. Laissez refroidir. Retirez la canelle.

Au moment de servir, répartissez la compote dans 6 verres, ajoutez le yaourt et couvrez de muesli. Dégustez sans attendre.

Conseils La compote de fruits et le muesli devraient fournir un apport suffisant en sucre pour édulcorer le dessert. Mais si vous tenez à sucrer le yaourt, mélangez-le avec 1 cuillerée à soupe d'édulcorant à la stévia. En saison, ajoutez quelques fraises à mi-cuisson de la compote.

mousse à la rhubarbe

Pour **6 personnes**
Préparation **20 minutes**
Cuisson **30 minutes**

1 **gousse de vanille**
600 g de tiges de **rhubarbe**
2 c. à s. de **sirop d'agave**
25 cl de **crème liquide entière**
3 c. à s. d'**édulcorant à la stévia**
250 g de **mascarpone**

Fendez la gousse de vanille dans la longueur et grattez-en les graines à la pointe d'un petit couteau. Mettez les graines et la gousse dans une grande casserole à fond épais.

Nettoyez, effilez et coupez la rhubarbe en petits tronçons, puis mettez-les dans la casserole, avec ½ verre d'eau. Faites cuire 25 à 30 minutes à couvert, à feu très doux, jusqu'à ce que la rhubarbe soit compotée. Vérifiez la cuisson régulièrement et ajoutez le sirop d'agave 5 minutes avant la fin, en remuant. Retirez la gousse de vanille. Laissez refroidir puis placez au réfrigérateur.

Montez la crème très froide en chantilly, avec l'édulcorant à la stévia, au batteur électrique, puis ajoutez le mascarpone. Incorporez délicatement la compote de rhubarbe bien refroidie, à la spatule.

Répartissez la mousse dans 6 verrines et réservez au réfrigérateur jusqu'au moment de servir.

Conseil En saison, ajoutez quelques fraises dans la compote, aux ⅔ de la cuisson.

mousse à la framboise

Pour **6 personnes**
Préparation **10 minutes**
Réfrigération **3 heures**

3 feuilles de **gélatine** (6 g)
400 g de **framboises** fraîches ou surgelées
1 ½ **orange à jus**
300 g de **fromage blanc**
1 ½ c. à s. d'**édulcorant à la stévia**
3 **blancs d'œufs**

Mettez la gélatine à ramollir 10 minutes dans un bol d'eau froide.

Mixez les framboises avec le jus de 1 orange et passez au tamis pour éliminer les graines.

Faites chauffer le jus de la demi-orange restante. Hors du feu, diluez la gélatine essorée puis laissez refroidir.

Battez le fromage blanc au fouet, avec l'édulcorant à la stévia et le coulis de framboise, puis ajoutez le jus d'orange à la gélatine en continuant de fouetter.

Montez les blancs d'œufs en neige ferme, puis incorporez-les au mélange à la framboise.

Répartissez dans 6 coupelles et placez pour 3 heures au frais.

Conseil Placez pour 15 minutes au congélateur avant de servir très frais.

mousse à la groseille à maquereau

Pour **6 personnes**
Préparation **20 minutes**
Congélation **15 minutes**
Réfrigération **1 heure**

20 cl de **lait concentré non sucré**
400 g de **groseilles à maquereau**
3 c. à s. d'**édulcorant à la stévia**

Versez le lait concentré dans un saladier et placez-le pour 15 minutes au congélateur.

Lavez les groseilles à maquereau, équeutez-les, mixez-les puis passez-les au tamis.

Mélangez le lait concentré avec l'édulcorant à la stévia, puis montez-le en mousse au batteur électrique.

Incorporez le coulis de groseille à maquereau en mélangeant délicatement à la spatule.

Répartissez la mousse dans 6 verrines et placez pour 1 heure au réfrigérateur. Dégustez frais.

Conseil Si vous voulez préparer la mousse à l'avance, versez-la dans les verrines et placez-les au congélateur. Sortez les verrines du congélateur 15 minutes avant la dégustation et placez-les au réfrigérateur.

mousse glacée à l'abricot

Pour **6 personnes**
Préparation **20 minutes**
Cuisson **5 minutes**
Congélation **3 heures**

600 g d'**abricots**
4 c. à s. de **sirop d'agave**
le **jus** de 1 **orange**
1 c. à s. de **jus de citron** + 1 c. à c.
4 **œufs extrafrais**, blancs et jaunes séparés

Chemisez les parois de 6 petits ramequins de bandes de papier sulfurisé dépassant de quelques centimètres en hauteur. Maintenez-les au bon diamètre avec du Scotch.

Lavez les abricots, séchez-les et dénoyautez-les. Mélangez 2 cuillerées à soupe de sirop d'agave et le jus d'orange dans une casserole, ajoutez les oreillons d'abricot, portez à frémissements et faites-les cuire 5 minutes environ, jusqu'à ce qu'ils soient tendres. Laissez refroidir.

Mixez les abricots avec leur jus et 1 cuillerée à soupe de jus de citron. Filtrez le coulis obtenu.

Fouettez longuement les jaunes d'œufs au batteur, avec 2 cuillerées à soupe de sirop d'agave, jusqu'à ce qu'ils blanchissent, moussent et triplent de volume, puis incorporez, toujours au batteur, le coulis d'abricot.

Montez les blancs d'œufs en neige ferme, avec 1 cuillerée à café de jus de citron, puis incorporez-les délicatement à la préparation aux fruits.

Versez la mousse obtenue dans les ramequins, jusqu'en haut des parois de papier sulfurisé, et laissez pour 3 heures au moins au congélateur.

Sortez les mousses glacées du congélateur 20 minutes avant leur dégustation, retirez délicatement le papier sulfurisé et laissez-les au réfrigérateur jusqu'au moment de servir.

mousse de fraises à la menthe

Pour **6 personnes**
Préparation **30 minutes**
Réfrigération **3 heures**
Infusion **30 minutes**

Pour la mousse de fraises :
20 cl de **lait concentré non sucré**
300 g de **fraises** équeutées
3 feuilles de **gélatine** (6 g)
2 c. à s. de **jus de citron**
3 c. à s. d'**édulcorant à la stévia**

Pour la crème anglaise à la menthe :
25 cl de **lait**
6 brins de **menthe fraîche**
2 feuilles de **gélatine** (4 g)
4 **jaunes d'œufs**
2 c. à s. de **sirop d'agave**

Pour la finition :
6 **pastilles de chocolat**
6 **macarons**

Préparez la mousse de fraises : versez le lait concentré dans un saladier et placez-le pour 15 minutes au congélateur. Mixez les fraises. Mettez la gélatine à ramollir 10 minutes dans un bol d'eau froide. Faites chauffer le jus de citron, puis retirez-le du feu et diluez-y la gélatine essorée. Fouettez au batteur le lait concentré avec l'édulcorant à la stévia. Ajoutez le jus de citron à la gélatine et fouettez bien. Incorporez alors le coulis de fraise à la spatule. Versez la moitié de la mousse dans 6 verres et placez-les pour 1 heure au congélateur. Gardez le reste au réfrigérateur.

Portez le lait à ébullition puis retirez du feu, ajoutez la menthe, couvrez et laissez infuser 30 minutes. Mettez la gélatine à ramollir dans un bol d'eau froide. Fouettez les jaunes d'œufs dans un saladier, avec le sirop d'agave, puis versez doucement le lait filtré tout en fouettant. Remettez le tout dans la casserole et faites cuire à feu doux, sans laisser bouillir, en remuant, jusqu'à ce que le mélange nappe la cuillère.

Retirez la crème du feu, ajoutez la gélatine essorée, mélangez au fouet et laissez tiédir, en remuant. Versez la crème anglaise sur la mousse de fraises déjà prise et placez pour 1 heure au réfrigérateur.

Versez le reste de la mousse de fraises dans les verres et remettez au réfrigérateur jusqu'au moment de servir. Décorez avec 1 pastille de chocolat et 1 macaron.

mousse framboise-chocolat

Pour **6 personnes**
Préparation **20 minutes**
Réfrigération **4 heures**

Pour la mousse au chocolat :
- 150 g de **chocolat noir à pâtisser riche en cacao**
- 12 cl de **crème liquide**
- 1 grosse c. à c. bombée de **cacao amer en poudre**
- 3 **œufs**, blancs et jaunes séparés
- 1 c. à c. rase d'**édulcorant à la stévia**

Pour la finition :
- 12 **framboises**
- 6 brins de **menthe fraîche**

Préparez la mousse au chocolat : faites fondre le chocolat au bain-marie, avec la moitié de la crème liquide et le cacao, en remuant, puis retirez du bain-marie.

Fouettez les jaunes d'œufs avec l'édulcorant à la stévia puis ajoutez le mélange au chocolat fondu et le reste de la crème liquide. Mélangez vivement au fouet jusqu'à l'obtention d'un mélange crémeux.

Montez les blancs d'œufs en neige ferme puis incorporez-les au mélange au chocolat.

Versez la mousse dans 6 verres et placez pour 1 heure au moins au réfrigérateur.

Préparez la mousse à la framboise selon la recette page 160, puis versez-la sur la mousse au chocolat et réservez 3 heures au réfrigérateur.

Décorez les verrines avec 2 framboises et 1 brin de menthe. Dégustez très frais.

tiramisu

Pour **6 personnes**
Préparation **20 minutes**
Réfrigération **3 heures**

3 **œufs extrafrais**, blancs et jaunes séparés
2 c. à s. d'**édulcorant à la stévia**
250 g de **mascarpone**
150 g de **spéculoos** ou de **sablés pour diabétiques**
6 cl de **café fort**
3 c. à c. de **cacao amer en poudre**

Battez les jaunes d'œufs avec l'édulcorant à la stévia, puis incorporez le mascarpone au fouet.

Montez les blancs d'œufs en neige ferme puis incorporez-les délicatement au mélange au mascarpone avec une spatule et placez au frais pour 3 heures minimum.

Émiettez grossièrement les spéculoos, répartissez-les dans 6 petites verrines et arrosez-les de 2 cuillerées à café de café fort pour chaque verrine.

Ajoutez la mousse au mascarpone sur le lit de biscuits et réservez au frais.

Saupoudrez généreusement de cacao en poudre à l'aide d'une petite passoire au moment de servir très frais.

Conseil Si vous devez surveiller strictement votre apport en sucre, les spéculoos sont généralement des biscuits très sucrés. Évitez ceux du commerce et remplacez-les par des sablés pour diabétiques ou des sablés maison.

tiramisu à l'ananas

Pour **6 personnes**
Préparation **20 minutes**
Cuisson **3 minutes**
Réfrigération **3 heures**

1 **ananas bien mûr**
1 c. à c. rase d'**épices à pain d'épices**
2 c. à s. de **sirop d'agave**
3 **œufs extrafrais**, blancs et jaunes séparés
2 c. à s. d'**édulcorant à la stévia**
250 g de **mascarpone**
300 g de **sablés sans sucre** (sucrés avec édulcorant)

Pelez l'ananas en retirant bien les yeux. Coupez-le en quatre, éliminez le cœur dur et fibreux puis découpez la chair en petits dés.

Faites chauffer une poêle à fond épais, mettez-y les dés d'ananas, saupoudrez-les d'épices et faites-les revenir à feu vif 1 à 2 minutes, puis ajoutez le sirop d'agave et prolongez la cuisson d'à peine 1 minute, jusqu'à ce que les dés d'ananas commencent à se caraméliser. Retirez alors du feu, versez dans un grand bol et laissez refroidir.

Battez les jaunes d'œufs avec l'édulcorant à la stévia puis incorporez le mascarpone au fouet.

Montez les blancs d'œufs en neige ferme puis incorporez-les délicatement au mélange au mascarpone avec une spatule et placez au frais pour 3 heures minimum.

Émiettez grossièrement les sablés, répartissez-en la moitié au fond de 6 petits verres puis ajoutez ⅓ des dés d'ananas caramélisés. Recouvrez de la moitié de la mousse au mascarpone puis ajoutez la moitié du reste des biscuits, le deuxième tiers des dés d'ananas et le reste de la mousse au mascarpone. Réservez au frais jusqu'au moment de servir.

Avant de servir, ajoutez le reste des dés d'ananas à la surface des desserts, parsemez du reste des biscuits émiettés et dégustez très frais.

tiramisu di fragola

Pour **6 personnes**
Préparation **20 minutes**
Réfrigération **3 heures**

3 **œufs extrafrais**, blancs et jaunes séparés
2 c. à s. d'**édulcorant à la stévia**
250 g de **mascarpone**
600 g de **fraises très parfumées** : **gariguettes**, **ciflorettes** ou **charlottes**
300 g de **sablés sans sucre** (sucrés avec édulcorant)

Battez les jaunes d'œufs avec l'édulcorant à la stévia puis incorporez le mascarpone au fouet.

Montez les blancs d'œufs en neige ferme puis incorporez-les délicatement au mélange au mascarpone avec une spatule et placez au frais pour 3 heures minimum.

Lavez les fraises et séchez-les. Réservez-en 18 pour la décoration, équeutez les autres et coupez-les en deux.

Émiettez grossièrement les sablés, répartissez-en la moitié au fond de 6 petites verrines puis ajoutez la moitié des demi-fraises. Recouvrez de la moitié de la mousse au mascarpone puis ajoutez le reste des biscuits, le reste des fraises coupées en deux et enfin, le reste de la mousse au mascarpone. Réservez au frais jusqu'au moment de servir.

Décorez les verrines avec les fraises réservées et servez très frais.

délices au chocolat

moelleux au chocolat

Pour **8 personnes**
Préparation **15 minutes**
Cuisson **10 minutes**
Repos **1 heure**

300 g de **chocolat noir à pâtisser riche en cacao**
125 g de **beurre doux** + 30 g pour les moules
4 **œufs**
6 c. à s. de **sucre de bouleau** (xylitol)
10 cl de **crème liquide**
40 g de **farine** + un peu pour les moules

Préchauffez le four à 180 °C.

Cassez le chocolat en morceaux et faites-le fondre avec le beurre au bain-marie, en remuant à la spatule puis laissez tiédir.

Battez les œufs et le sucre de bouleau au batteur. Ajoutez la crème, puis le mélange chocolat-beurre fondu. Incorporez la farine à la spatule sans trop travailler la pâte.

Versez la préparation dans des petits moules à tartes ou à manqué individuels beurrés et farinés, posez-les sur la grille dans le bas du four et faites cuire 10 minutes sans ouvrir.

Laissez les gâteaux refroidir 1 heure à température ambiante puis démoulez-les délicatement pour les déguster. Ou posez-les sur un plateau recouvert d'une feuille de papier sulfurisé et réservez au réfrigérateur. Sortez-les alors 45 minutes à l'avance.

Servez avec une crème anglaise à la vanille ou au café maison, ou encore avec un coulis de fruits rouges.

Conseil Inutile de beurrer et fariner des moules en silicone.

fondants au chocolat

Pour **6 personnes**
Préparation **10 minutes**
Cuisson **8 à 9 minutes**

100 g de **chocolat noir à pâtisser riche en cacao**
85 g de **beurre** + 20 g pour les ramequins
3 **œufs**
4 c. à s. de **sucre de bouleau** (xylitol)
35 g de **farine**
1 c. à c. bombée de **cacao amer en poudre**

Préchauffez le four à 200 °C.

Cassez le chocolat en morceaux et faites-le fondre au bain-marie avec le beurre, en mélangeant, puis laissez tiédir. Beurrez et farinez légèrement 6 ramequins ou 6 tasses.

Mélangez au fouet les œufs et le sucre de bouleau, puis incorporez la farine mélangée avec le cacao. Enfin, incorporez le mélange au chocolat fondu.

Versez la pâte dans les ramequins et mettez-les au four pour 8 à 9 minutes.

Servez 5 minutes après la sortie du four.

Conseils Ajoutez des framboises fraîches ou un coulis de fruits rouges au moment de servir. Préparez la pâte à l'avance, remplissez les ramequins et réservez au plus froid du réfrigérateur jusqu'au moment de faire cuire, 1 à 2 minutes de plus.

petits fondants chocolat-cerises

Pour **6 personnes**
Préparation **15 minutes**
Cuisson **15 minutes**

48 **cerises**
200 g de **chocolat noir à pâtisser riche en cacao**
85 g de **beurre** + 20 g pour les ramequins
2 **œufs** + 1 **jaune d'œuf**
4 c. à s. de **sucre de bouleau** (xylitol)
30 g de **farine**

Préchauffez le four à 180 °C. Lavez les cerises, séchez-les, équeutez-les et dénoyautez-les.

Cassez le chocolat en morceaux et faites-le fondre au bain-marie avec le beurre, en remuant, puis laissez tiédir. Beurrez légèrement 6 ramequins ou tasses.

Mélangez au fouet les œufs et le sucre de bouleau, puis incorporez le mélange au chocolat fondu refroidi et, enfin, la farine.

Versez la pâte dans les ramequins en y enfonçant les cerises et faites cuire au four 10 à 11 minutes.

Servez 5 minutes après la sortie du four.

Conseil Préparez la pâte à l'avance, remplissez les ramequins et réservez au plus froid du réfrigérateur jusqu'au moment de faire cuire, 1 à 2 minutes de plus.

gâteau au chocolat à la mangue

Pour **8 personnes**
Préparation **15 minutes**
Cuisson **30 minutes**

3 **mangues**
200 g de **chocolat noir à pâtisser riche en cacao**
125 g de **beurre doux** + 15 g pour le moule
3 **œufs**, blancs et jaunes séparés
7 c. à s. de **sucre de bouleau** (xylitol)
100 g de **farine** + un peu pour le moule
1 pincée de **sel**

Préchauffez le four à 180 °C. Pelez les mangues et coupez la chair en petits dés.

Cassez le chocolat en morceaux et faites-le fondre avec le beurre au bain-marie, en remuant à la spatule, puis laissez refroidir.

Incorporez les jaunes d'œufs, le sucre et la farine dans le mélange au chocolat refroidi.

Montez les blancs d'œufs en neige ferme, avec 1 pincée de sel, et incorporez-les, sans les briser, à la préparation précédente. Puis ajoutez les dés de mangue.

Versez la préparation dans un moule à manqué beurré et fariné, posez-le sur la grille dans le bas du four et faites cuire 30 minutes.

Laissez le gâteau refroidir à température ambiante puis démoulez-le délicatement sur un plat.

Conseil Pour en faire un dessert de luxe, servez le gâteau avec un coulis de mangue maison.

gâteau chocolat, dattes, amandes

Pour **6 à 8 personnes**
Préparation **15 minutes**
Cuisson **30 minutes**
Repos **1 à 2 heures**

150 g de **dattes**
60 g d'**amandes émondées entières**
10 cl de **crème liquide**
2 c. à c. rases de **thé matcha**
200 g de **chocolat noir à pâtisser riche en cacao**
100 g de **beurre**
6 **œufs**, blancs et jaunes séparés
6 c. à s. de **sucre de bouleau** (xylitol)
75 g de **poudre d'amande**
80 g de **farine** + 1 c. à s. pour les dattes
1 pincée de **sel**

Préchauffez le four à 165 °C. Coupez les dattes en tout petits cubes et saupoudrez-les très légèrement de farine. Concassez grossièrement les amandes et faites-les dorer à sec dans une poêle.

Faites chauffer la crème avec le thé matcha. Retirez du feu aux premiers frémissements, couvrez et laissez infuser. Cassez le chocolat en morceaux et faites-le fondre avec le beurre au bain-marie, en remuant à la spatule, puis laissez tiédir.

Versez la préparation au chocolat fondu tiède dans un saladier et mélangez-la avec la crème infusée refroidie. Incorporez les jaunes d'œufs un à un, puis le sucre de bouleau et la poudre d'amande. Finissez par la farine à la spatule, sans trop travailler la pâte.

Montez les blancs d'œufs en neige ferme, avec 1 pincée de sel, et incorporez-les délicatement au mélange. Ajoutez enfin les dés de datte et les amandes concassées.

Versez la préparation dans un moule à manqué de 22 cm de diamètre beurré et fariné. Posez-le sur la grille, dans le bas du four, et faites cuire 30 minutes.

Laissez le gâteau refroidir 1 à 2 heures à température ambiante puis démoulez-le sur un plat.

Conseil Servez avec une crème anglaise maison à la vanille ou au thé vert.

cake au chocolat

Pour **6 à 8 personnes**
Préparation **15 minutes**
Cuisson **40 à 45 minutes**

170 g de **beurre** ramolli
+ 20 g pour le moule
10 c. à s. de **sucre de bouleau** (xylitol)
1 pincée de **sel**
2 **œufs**
25 cl de **crème liquide**
280 g de **farine**
1 sachet de **levure**
3 c. à s. de **cacao amer en poudre**

Préchauffez le four à 180 °C.

Mélangez le beurre en pommade très souple, le sucre de bouleau et le sel, puis incorporez les œufs un à un, et enfin la crème.

Dans un autre saladier, mélangez la farine, la levure et le cacao, puis ajoutez au mélange précédent sans trop travailler la pâte.

Versez la pâte dans un moule à cake à revêtement antiadhésif beurré ou chemisé de papier sulfurisé. Faites cuire le cake au four 40 à 45 minutes. Laissez-le tiédir avant de le démouler.

gâteau aux fruits secs sans cuisson

Pour **6 à 8 personnes**
Trempage **12 heures**
Préparation **20 minutes**
Réfrigération **12 heures**

100 g de **gros raisins secs** de type malaga
1 sachet de **thé**
1 **gousse de vanille**
10 cl de **crème liquide**
200 g de **chocolat noir à pâtisser** cassé en morceaux
1 pincée de **noix de muscade**
120 g de **beurre** ramolli
1 gros **œuf extrafrais**
65 g de **pistaches décortiquées non salées**
60 g d'**amandes entières émondées**

La veille, rincez les raisins secs, mettez-les dans un bol, couvrez-les de thé chaud et laissez macérer toute la nuit.

Le jour même, égouttez les raisins et séchez-les sur du papier absorbant. Fendez la gousse de vanille dans la longueur et grattez-en les graines à la pointe d'un petit couteau. Mettez les graines et la gousse dans une casserole, versez la crème, portez à frémissements puis retirez du feu, couvrez et laissez infuser 10 minutes.

Tapissez une terrine ou un moule à cake de film alimentaire, en laissant les bords dépasser du moule.

Faites fondre le chocolat dans un saladier posé sur un bain-marie, avec la crème liquide filtrée, en remuant à la spatule. Puis retirez le saladier du bain-marie, ajoutez la noix de muscade et incorporez le beurre par morceaux, jusqu'à l'obtention d'un mélange homogène.

Incorporez l'œuf en remuant vivement puis ajoutez les raisins, les pistaches et les amandes.

Versez la préparation dans le moule, rabattez le film et placez la terrine pour 12 heures au moins au réfrigérateur. Sortez 30 minutes avant de servir, démoulez et coupez en tranches. Saupoudrez éventuellement de sucre de bouleau mixé en sucre glace ou servez avec une glace cannelle ou vanille, ou encore une crème anglaise maison.

minicakes chocolat-noisettes

Pour **6 à 8 minicakes**
Préparation **15 minutes**
Cuisson **15 à 20 minutes**

200 g de **chocolat noir à pâtisser riche en cacao**
100 g de **beurre**
2 **œufs**
8 c. à s. de **sucre de bouleau** (xylitol)
1 **yaourt**
150 g de **farine**
1 sachet de **levure**
100 g de **noisettes** décortiquées

Préchauffez le four à 180 °C.

Faites fondre le chocolat et le beurre au bain-marie en remuant doucement, puis laissez tiédir.

Fouettez les œufs et le sucre de bouleau, puis ajoutez le yaourt et le mélange au chocolat. Incorporez la farine mélangée avec la levure puis les noisettes grossièrement concassées, sans trop travailler la pâte.

Versez la pâte dans des petits moules à minicakes en carton ou en silicone et faites cuire 15 à 20 minutes au four.

brownies

Pour **6 personnes**
Préparation **15 minutes**
Cuisson **25 minutes**

250 g de **chocolat noir à pâtisser riche en cacao**
120 g de **beurre** + 20 g pour le moule
1 **gousse de vanille**
3 **œufs**
5 c. à s. de **sucre de bouleau** (xylitol)
1 c. à s. de **sirop d'agave**
60 g de **farine**

Préchauffez le four à 180 °C.

Faites fondre le chocolat et le beurre au bain-marie en remuant doucement, puis retirez du feu.

Fendez la gousse de vanille dans la longueur et grattez-en les graines à la pointe d'un petit couteau. Mettez les graines dans un grand saladier.

Cassez les œufs dans le saladier, ajoutez le sucre de bouleau et le sirop d'agave. Fouettez vivement puis incorporez la farine. Ajoutez le mélange au chocolat fondu.

Chemisez un moule carré de papier sulfurisé, beurrez-le légèrement, versez-y la préparation et faites cuire 25 minutes au four.

Laissez le gâteau reposer 5 minutes dans le four éteint. Puis laissez-le tiédir légèrement avant de le démouler et de le couper en carrés.

Variante Ajoutez dans la pâte 100 g de cerneaux de noix ou de noix de macadamia grossièrement concassés.

tartelettes au chocolat

Pour **6 personnes**
Préparation **25 minutes**
Repos **2 h 30**
Cuisson **20 à 25 minutes**
Refroidissement **4 heures**

Pour la pâte sablée au cacao :
100 g de **beurre** très mou + 20 g pour les moules
1 **gousse de vanille**
3 c. à s. de **cacao amer en poudre**
100 g de **crème fraîche**
3 c. à s. de **sucre de bouleau** (xylitol)
70 g de **poudre d'amande**
1 **œuf** + 1 **jaune d'œuf**
200 g de **farine**

Pour la ganache :
400 g de **chocolat noir à pâtisser riche en cacao**
25 cl de **crème liquide**
80 g de **beurre** ramolli

Préparez la pâte : dans un saladier, travaillez le beurre avec les graines de la gousse de vanille et le cacao, puis ajoutez la crème fraîche, le sucre de bouleau et la poudre d'amande. Mélangez au fouet puis incorporez l'œuf et le jaune d'œuf. Ajoutez la farine et pétrissez jusqu'à l'obtention d'une pâte homogène. Formez une boule, enveloppez-la de film alimentaire et placez-la pour 30 minutes au réfrigérateur.

Étalez la pâte sur le plan de travail fariné puis garnissez-en 6 moules à tartes préalablement beurrés. Piquez les fonds avec une fourchette, recouvrez-les de film alimentaire et placez-les pour 2 heures au réfrigérateur.

Découpez 6 disques de papier sulfurisé au format des moules, posez-les sur les fonds de tartes, ajoutez des poids de cuisson et enfournez pour 20 à 25 minutes. Puis laissez refroidir sur une grille.

Hachez le chocolat au mixeur puis versez-le dans un grand récipient. Portez la crème liquide à frémissements, versez-la sur le chocolat haché et mélangez à la spatule ; lorsque le chocolat est complètement fondu, incorporez le beurre en morceaux.

Versez la ganache sur les fonds de tartelettes et laissez refroidir 4 heures dans un endroit frais mais si possible pas au réfrigérateur, trop humide.

fondue au chocolat

Pour **6 personnes**
Préparation **7 minutes**
Cuisson **5 minutes**

200 g de **chocolat noir à pâtisser riche en cacao**
20 cl de **crème liquide**
3 c. à s. de **sirop d'agave** (facultatif)
6 **kiwis**
6 **clémentines**
autres **fruits de saison**

Faites chauffer le chocolat noir, la crème liquide et le sirop d'agave 5 minutes à feu très doux, en remuant constamment. Versez la sauce dans un grand bol et réservez.

Pelez les kiwis et les clémentines. Séparez les clémentines en suprêmes et coupez les kiwis en quartiers.

Servez les morceaux de fruits frais piqués de petits piques en bois pour que chacun puisse les plonger dans la sauce tiède ou froide.

Variantes Pour les gourmands, ajoutez éventuellement des langues-de-chat, des cigarettes russes ou des biscuits allégés en sucre, mais choisissez plutôt d'autres fruits : quartiers de nectarine, de brugnon, d'abricot ou de mangue ; des fraises, des cerises, ou des groseilles. Mais aussi des bananes, des pommes et des poires coupées en quartiers et arrosées d'un filet de jus de citron pour les empêcher de s'oxyder.

crème au chocolat

Pour **6 personnes**
Préparation **5 minutes**
Cuisson **5 minutes**
Réfrigération **2 heures**

30 g de **Maïzena**
50 cl de **lait**
100 g de **chocolat noir à pâtisser à 70 ou 75 % de cacao**
1 c. à s. de **sirop d'agave**
6 ou 12 **framboises**

Mélangez la Maïzena et 10 cl de lait dans un bol. Versez le reste du lait dans une casserole, portez à ébullition puis retirez du feu. Ajoutez le chocolat cassé en morceaux, laissez fondre 3 minutes sans y toucher puis mélangez.

Versez le mélange à la Maïzena dans le lait chocolaté, ajoutez le sirop d'agave, portez à ébullition en fouettant sans arrêt et laissez frémir 1 minute.

Répartissez la crème dans 6 ramequins, laissez refroidir un peu puis couvrez de film alimentaire et placez au frais pour 2 heures.

Ajoutez 1 ou 2 framboises au moment de servir bien frais.

Variante Remplacez le sirop d'agave par 1 ½ cuillerée à soupe de sucre de bouleau (xylitol).

mousse au chocolat très légère

Pour **6 personnes**
Préparation **10 minutes**
Réfrigération **3 heures**

200 g de **chocolat à pâtisser à 70 ou 75 % de cacao**
3 c. à s. de **lait**
6 **blancs d'œufs**
copeaux de chocolat ou **cacao amer en poudre** pour la finition

Faites fondre le chocolat au bain-marie, avec le lait. Mélangez à la spatule.

Montez les blancs d'œufs en neige ferme puis incorporez-les délicatement au chocolat fondu.

Couvrez et réservez 3 heures au réfrigérateur.

Décorez de copeaux de chocolat ou saupoudrez de cacao au moment de servir.

soufflés au chocolat

Pour **6 personnes**
Préparation **20 minutes**
Cuisson **20 minutes**

25 g de **beurre** ramolli
6 c. à s. de **sucre de bouleau** (xylitol) + 2 c. à c.
300 g de **chocolat noir à 70 % de cacao**
4 **jaunes d'œufs**
18 g de **farine**
35 cl de **lait entier**
9 **blancs d'œufs**

Beurrez 6 ramequins au pinceau jusqu'à l'extrême bord des parois, puis placez-les au congélateur.

Préchauffez le four à 180 °C. Mixez très finement le sucre de bouleau. Hachez le chocolat et mettez-le dans un récipient.

Fouettez les jaunes d'œufs avec 3 cuillerées à soupe de sucre de bouleau, puis incorporez la farine.

Portez le lait à ébullition puis versez-le en filet sur le mélange précédent, sans cesser de fouetter. Versez le mélange dans la casserole, remettez sur le feu pour quelques secondes et faites épaissir sans cesser de fouetter. Versez cette crème sur le chocolat, en mélangeant délicatement.

Montez les blancs d'œufs en neige pas trop ferme, avec 3 cuillerées à soupe de sucre, puis incorporez-les délicatement à la crème au chocolat.

Répartissez la préparation dans les ramequins en les remplissant à ras bord, lissez le dessus et enfourner pour 20 minutes.

À la sortie du four, saupoudrez de sucre de bouleau et servez sans attendre.

Variante Pour un goût extrachocolaté, remplacez le sucre de bouleau par du cacao amer en poudre.

mousse chocolat blanc et framboises

Pour **6 personnes**
Préparation **20 minutes**
Réfrigération **3 heures**

2 feuilles de **gélatine** (4 g)
150 g de **chocolat blanc**
10 cl de **crème liquide**
200 g de **fromage blanc**
4 **blancs d'œufs**
30 **framboises**
2 sticks d'**édulcorant à la stévia**

Mettez les feuilles de gélatine à tremper 10 minutes dans un bol d'eau froide.

Faites fondre le chocolat blanc au bain-marie, avec la crème liquide. Mélangez à la spatule puis retirez du feu et incorporez les feuilles de gélatine.

Battez le fromage blanc au fouet puis incorporez le mélange au chocolat blanc en fouettant vigoureusement.

Montez les blancs d'œufs en neige puis incorporez-les au mélange précédent.

Versez la mousse dans des jolis verres, ajoutez les framboises grossièrement écrasées et 1 framboise entière pour la décoration. Placez au réfrigérateur pour 3 heures au moins.

Saupoudrez la framboise d'édulcorant à la stévia au moment de servir bien frais.

gâteaux des grands jours

bavarois chocolat-vanille

Pour **6 personnes**
Préparation **50 minutes**
Cuisson **10 minutes**
Réfrigération **30 minutes + 5 heures**

Pour le sirop :
6 c. à s. de **sirop d'agave**
6 c. à s. d'**eau**

Pour le biscuit :
3 **œufs**, blancs et jaunes séparés
4 c. à s. de **sucre de bouleau** (xylitol)
60 g de **farine**
30 g de **beurre** fondu

Pour les crèmes bavaroises :
6 feuilles de **gélatine** (12 g)
40 cl de **crème anglaise à la vanille** (voir page 144)
30 g de **chocolat noir à pâtisser riche en cacao**
1 c. à c. d'**extrait de vanille liquide**
40 cl de **crème liquide entière**

Portez à frémissements le sirop d'agave et l'eau. Réservez.

Préparez le biscuit : battez les jaunes d'œufs avec le sucre de bouleau. Montez les blancs en neige ferme et incorporez-les au mélange, en alternance avec la farine. Incorporez le beurre fondu. Versez la pâte sur une plaque recouverte de papier sulfurisé et enfournez pour 10 minutes à 180 °C. Retournez le biscuit sur une seconde feuille de papier sulfurisé, décollez le papier et laissez refroidir.

Coupez le biscuit aux dimensions d'un cadre métallique à pâtisserie de 18 à 20 cm de côté, puis coupez-le en deux dans l'épaisseur. Disposez le fond du biscuit dans le cadre et badigeonnez-le de sirop.

Mettez les feuilles de gélatine à ramollir dans un bol d'eau froide. Répartissez la crème anglaise dans 2 récipients puis incorporez 3 feuilles de gélatine essorées dans chaque crème. Faites fondre le chocolat au bain-marie puis incorporez-le dans une des crèmes. Ajoutez la vanille dans l'autre puis laissez refroidir. Montez la crème liquide très froide au fouet et incorporez-la aux 2 crèmes anglaises.

Versez la crème au chocolat sur la pâte et placez au réfrigérateur pour 30 minutes. Versez la crème à la vanille par-dessus, lissez la surface, recouvrez avec la seconde couche de biscuit imbibée de sirop. Badigeonnez la surface de sirop et remettez au réfrigérateur pour 5 heures.

bavarois aux groseilles

Pour **6 personnes**
Préparation **35 minutes**
Réfrigération **4 heures**

6 feuilles de **gélatine** (12 g)
300 g de **groseilles**
3 c. à s. de **jus de citron**
5 c. à s. de **sirop d'agave**
500 g de **fromage blanc**
4 **blancs d'œufs**
300 g de **framboises**
2 c. à s. de **crème liquide**
6 c. à s. de **gelée de groseille à l'édulcorant**

Mettez les feuilles de gélatine à ramollir dans un bol d'eau froide.

Mixez les groseilles avec 1 cuillerée à soupe de jus de citron et 2 cuillerées à soupe de sirop d'agave. Filtrez le coulis.

Fouettez le fromage blanc avec 3 cuillerées à soupe de sirop d'agave et divisez la préparation entre 2 récipients.

Faites chauffer 2 cuillerées à soupe de jus de citron et, hors du feu, diluez-y la moitié de la gélatine. Ajoutez le coulis de groseille et la gélatine fondue dans l'une des préparations au fromage blanc ; mélangez bien. Montez 2 blancs d'œufs en neige ferme et incorporez-les au mélange.

Versez dans 6 moules individuels, posez les framboises dessus et placez au réfrigérateur.

Faites chauffer la crème liquide dans une petite casserole et, hors du feu, diluez le reste de la gélatine puis incorporez au reste du fromage blanc. Montez les 2 autres blancs d'œufs en neige ferme et incorporez-les au mélange.

Versez la préparation sur les framboises et placez pour 4 heures au réfrigérateur.

Démoulez en plongeant le fond des moules pour quelques secondes dans de l'eau chaude, ajoutez de la gelée de groseille et servez très frais.

bavarois aux mûres sur sablés

Pour **6 personnes**
Préparation **40 minutes**
Cuisson **35 minutes**
Réfrigération **4 heures**

Pour les bavarois :
6 feuilles de **gélatine** (12 g)
500 g de **mûres**
4 c. à s. d'**édulcorant à la stévia**
10 cl d'**eau chaude**
300 g de **fromage blanc**

Pour les sablés :
3 c. à s. de **sucre de bouleau** (xylitol)
120 g de **farine** + 2 c. à s.
40 g de **Maïzena**
20 g de **poudre d'amande**
160 g de **beurre** à température ambiante

Pour le coulis :
400 g de **mûres**
le **jus** de 1 **citron**
1 c. à s. de **sirop d'agave** ou d'**édulcorant à la stévia**

Mettez les feuilles de gélatine à ramollir dans un bol d'eau froide. Chemisez 6 ramequins de film alimentaire, en laissant les bords dépasser.

Mixez 500 g de mûres puis filtrez.

Diluez l'édulcorant à la stévia et la gélatine essorée dans l'eau chaude, puis ajoutez le coulis de mûre et mélangez bien. Fouettez le fromage blanc avec la préparation aux mûres.

Versez la préparation dans les ramequins et placez pour 4 heures au moins au réfrigérateur.

Préchauffez le four à 180 °C. Pétrissez tous les ingrédients des sablés à la main. Façonnez la pâte en boule, farinez-la légèrement, étalez-la sur le plan de travail fariné, aplatissez-la sur 5 à 6 mm d'épaisseur et découpez 6 disques aux dimensions des moules à bavarois. Posez-les sur une plaque recouverte de papier sulfurisé et enfournez pour 35 minutes. À la sortie du four, faites glisser le papier sur une grille et laissez les petits sablés refroidir.

Mixez 400 g de mûres avec le jus de citron et le sirop d'agave ou l'édulcorant, puis filtrez le coulis.

Pour servir, posez les sablés au centre de petites assiettes et démoulez les bavarois en les retournant par-dessus. Nappez de coulis de mûre et décorez de quelques mûres.

charlotte aux pommes

Pour **6 personnes**
Préparation **40 minutes**
Cuisson **30 minutes**
Repos **20 minutes**

2 kg de **pommes** pelées, évidées et coupées en 12 quartiers chacune
210 g de **beurre** ramolli
9 c. à s. de **sirop d'agave**
24 tranches de **pain de mie brioché** sans la croûte
3 c. à s. d'**eau**

Chemisez de papier sulfurisé le fond et les parois d'un moule à charlotte, puis beurrez-le. Faites cuire les pommes à la poêle en 3 fois avec, pour chaque poêlée, 30 g de beurre. Ajoutez 2 cuillerées à soupe de sirop d'agave en fin de chaque cuisson.

Préchauffez le four à 180 °C et préparez un bain-marie en y glissant un plat plus grand que le moule à charlotte rempli à moitié d'eau chaude.

Coupez 6 tranches de pain en deux pour obtenir 12 rectangles, et le reste en deux en diagonale pour obtenir des triangles.

Portez à frémissements le reste du sirop d'agave avec l'eau dans une petite casserole. Retirez du feu et laissez refroidir.

Beurrez les tranches de pain d'une très fine couche de beurre ramolli et faites-les dorer à la poêle sur les 2 faces. Badigeonnez-les de sirop et retirez de la poêle.

Disposez ⅓ des triangles de pain en rosace dans le fond du moule, appliquez les rectangles le long des parois. Remplissez le centre de la charlotte avec la moitié des pommes, tassez, ajoutez une couche de triangles puis le reste des pommes. Recouvrez avec les derniers triangles. Enfournez au bain-marie pour 30 minutes.

À la sortie du four, retournez la charlotte sur le plat sans retirer le moule. Gardez ainsi pendant 20 minutes. Servez tiède ou froid, avec une crème anglaise.

petites charlottes aux fruits rouges

Pour **6 personnes**
Préparation **20 minutes**
Réfrigération **2 heures**

- 2 feuilles de **gélatine** (4 g)
- 3 c. à s. d'**eau**
- 3 c. à s. rases d'**édulcorant à la stévia**
- 3 c. à s. d'**eau de rose**
- 400 g de **mascarpone**
- 100 g de **fromage blanc**
- 30 **biscuits à la cuillère**
- 400 g de **fruits rouges** : **framboises**, **groseilles**, **mûres**, **cassis**, **myrtilles**...
- 2 c. à s. de **noix de coco râpée**

Mettez les feuilles de gélatine à ramollir 10 minutes dans un bol d'eau froide.

Faites chauffer l'eau dans une petite casserole, retirez du feu et diluez-y les feuilles de gélatine essorées. Ajoutez l'édulcorant à la stévia et l'eau de rose. Mélangez.

Fouettez le mascarpone avec le fromage blanc et le mélange à l'eau de rose.

Disposez les biscuits à la cuillère le long des parois de 6 larges verres. Garnissez le centre aux ⅔ de crème de mascarpone, à l'aide d'une poche à douille, et placez pour 2 heures au réfrigérateur.

Pour servir, démoulez délicatement les charlottes et posez-les sur des assiettes. Entourez-les de jolis rubans. Garnissez-les de fruits rouges, parsemez de noix de coco râpée et servez très frais.

fraisier

Pour **6 personnes**
Préparation **1 heure**
Cuisson **4 minutes**
Réfrigération **2 heures**

Pour la crème :
2 feuilles de **gélatine** (4 g)
25 cl de **lait**
1 **gousse de vanille**
2 **œufs**
2 ½ c. à s. de **sucre de bouleau** (xylitol)
30 g de **farine**
50 g de **beurre**
15 cl de **crème liquide entière**

Pour le sirop :
3 c. à s. de **sirop d'agave**
3 c. à s. d'**eau**

Pour le biscuit :
4 **œufs**
7 c. à s. de **sucre de bouleau** (xylitol)
120 g de **farine** tamisée
40 g de **beurre** fondu

600 g de **fraises** équeutées et coupées en deux
2 gouttes de **colorant alimentaire rouge**
pétales de rose

Faites ramollir les feuilles de gélatine dans un bol d'eau froide. Dans une casserole, portez à frémissements le lait avec les graines et la gousse de vanille, couvrez et laissez refroidir. Fouettez les œufs avec le sucre de bouleau, incorporez la farine puis le lait filtré. Reversez dans la casserole, portez à ébullition et laissez cuire 3 minutes. Hors du feu, incorporez la gélatine essorée et le beurre. Filmez et réservez au frais. Fouettez la crème et incorporez-la à la préparation froide. Réservez au réfrigérateur.

Dans une casserole, portez à frémissements le sirop d'agave et l'eau.

Préchauffez le four à 240 °C. Fouettez les œufs et le sucre de bouleau sur un bain-marie puis retirez du feu et fouettez jusqu'à complet refroidissement. Incorporez la farine et le beurre. Étalez la pâte sur 1 cm d'épaisseur, sur une grande plaque recouverte de papier sulfurisé. Enfournez pour 4 minutes. Laissez refroidir.

Coupez 2 disques de biscuit à la taille d'un cercle à pâtisserie. Posez 1 disque au fond du cercle, imbibez-le de sirop puis disposez les fraises, côté coupé vers la paroi du cercle.

Garnissez l'intérieur de crème puis ajoutez le reste des fraises, un peu de crème et recouvrez du second disque imbibé de sirop. Nappez la surface avec le reste de la crème mélangé avec le colorant et placez pour 2 heures au réfrigérateur. Retirez le cercle, décorez de fraises et de pétales de rose.

moka

Pour **6 personnes**
Préparation **1 h 30**
Cuisson **30 minutes**
Repos **12 heures**

Pour le biscuit :
4 **œufs**, blancs et jaunes séparés
5 c. à s. de **sucre de bouleau** (xylitol)
100 g de **farine** tamisée
20 g de **fécule de pomme de terre**
1 pincée de **sel**

Pour la crème au beurre :
3 **œufs**
9 c. à s. d'**édulcorant à la stévia**
3 c. à s. de **sirop d'agave**
1 ½ c. à s. de **café soluble**
2 c. à s. d'**eau** tiède
375 g de **beurre**

Pour le sirop :
15 cl d'**espresso**
3 c. à s. de **sirop d'agave**
1 c. à c. de **rhum brun**

100 g d'**amandes effilées grillés**
grains de café enrobés de chocolat

Préparez le biscuit la veille : préchauffez le four à 180 °C. Fouettez les jaunes d'œufs et le sucre de bouleau au batteur, puis incorporez la farine et la fécule de pomme de terre. Montez les blancs en neige ferme, avec 1 pincée de sel, puis incorporez-les à la préparation précédente jusqu'à l'obtention d'une pâte homogène.

Versez la pâte dans un moule à manqué en silicone de 20 cm de diamètre et enfournez pour 30 minutes. Attendez 5 minutes avant de démouler le biscuit en le retournant sur une grille. Enveloppez-le dans un torchon et laissez-le reposer jusqu'au lendemain.

Pour la crème au beurre, fouettez les œufs avec l'édulcorant à la stévia et le sirop d'agave sur un bain-marie jusqu'à l'obtention d'un mélange très mousseux, puis continuez de fouetter jusqu'à refroidissement et ajoutez le café soluble dilué dans l'eau tiède. Faites ramollir le beurre, travaillez-le en pommade puis incorporez progressivement le mélange aux œufs.

Mélangez le café chaud, le sirop d'agave et le rhum. Coupez le biscuit en 3 disques dans l'épaisseur. Imbibez-les légèrement de sirop puis montez le gâteau en alternant les disques de biscuit et de fines couches de crème au beurre.

Étalez le reste de la crème au beurre sur le dessus et les côtés du gâteau. Collez les amandes sur le côté. Décorez avec des grains de café au chocolat.

babas au rhum

Pour **6 personnes**
Préparation **15 minutes**
Cuisson **15 à 20 minutes**

7 c. à s. de **sucre de bouleau** (xylitol)
3 **œufs**, blancs et jaunes séparés
3 c. à s. de **lait** chaud
50 g de **beurre** fondu
120 g de **farine**
1 sachet de **levure chimique**
6 c. à s. de **sirop d'agave**
15 cl d'**eau**
6 cl de **rhum ambré**
30 cl de **crème liquide entière** très froide
50 g de **groseilles**

Préchauffez le four à 180 °C. Mixez très finement le sucre de bouleau.

Fouettez les jaunes d'œufs avec 5 cuillerées à soupe de sucre de bouleau jusqu'à ce que le mélange mousse et blanchisse. Ajoutez le lait chaud, le beurre fondu et la farine mélangée et tamisée avec la levure.

Montez les blancs d'œufs en neige ferme et incorporez-les délicatement à la pâte.

Versez la pâte dans de petits moules individuels. Enfournez pour 15 à 20 minutes.

Mélangez le sirop d'agave et l'eau dans une casserole, portez à frémissements puis ajoutez le rhum, retirez du feu et laissez tiédir.

Démoulez les babas dès la sortie du four, puis remettez-les dans leur moule et imbibez-les progressivement de sirop tiède.

Fouettez la crème très froide en chantilly, en incorporant 2 cuillerées à soupe de sucre de bouleau en pluie en fin de processus. Gardez au frais.

Servez les babas bien frais garnis de crème chantilly et décorés de minigrappes de groseilles.

lingots chocolat-caramel-cacahuètes

Pour **6 personnes**
Préparation **45 minutes**
Cuisson **3 à 4 minutes**
Réfrigération **3 heures + 9 heures**

200 g + 150 g de **chocolat noir à pâtisser riche en cacao**
10 cl de **crème liquide**
120 g de **beurre** ramolli
1 gros **œuf extrafrais**
100 g de **cacahuètes** grossièrement concassées

Pour le caramel :
360 g de **sirop d'agave**
240 g de **crème liquide**
120 g de **beurre**

Posez un petit cadre à pâtisserie carré ou rectangulaire sur une plaque à pâtisserie, tapissez l'intérieur de film alimentaire en laissant les bords dépasser.

Faites fondre 200 g de chocolat au bain-marie, avec la crème liquide, en remuant avec une spatule. Retirez du feu et incorporez le beurre par petits morceaux puis l'œuf, jusqu'à l'obtention d'un mélange homogène. Ajoutez les cacahuètes.

Versez le mélange au fond du moule, lissez la surface et placez au réfrigérateur.

Versez le sirop d'agave et la crème liquide dans une casserole, portez à ébullition et faites cuire en remuant jusqu'à ce que le mélange prenne une jolie couleur caramel très pâle et nappe bien la cuillère. Retirez du feu et incorporez le beurre en mélangeant vivement. Versez le caramel dans le moule puis placez-le pour 3 heures au réfrigérateur.

Faites fondre le reste du chocolat noir au bain-marie, coulez-le sur la surface du gâteau et replacez pour 9 heures au moins au réfrigérateur. Démoulez et dégustez coupé en petites bouchées.

gâteau de fête au chocolat

Pour **6 personnes**
Préparation **1 heure**
Cuisson **45 minutes**
Réfrigération **2 heures**

Pour la mousse au chocolat :
100 g de **chocolat noir à pâtisser riche en cacao**
20 g de **beurre doux**
2 **œufs**, blancs et jaunes séparés
1 c. à c. de **sucre de bouleau** (xylitol)

Pour le biscuit :
100 g de **farine**
½ sachet de **levure**
60 g de **poudre de noisette**
2 c. à s. de **cacao amer en poudre**
6 **œufs**, blancs et jaunes séparés
7 c. à s. de **sucre de bouleau** (xylitol)
150 g de **beurre** fondu
1 pincée de **sel**

Pour le glaçage :
200 g de **chocolat noir**
2 c. à s. d'**huile végétale**

15 cl de **coulis de fruits rouges sans sucre ajouté**
copeaux de chocolat blanc

Pour la mousse au chocolat, faites fondre le chocolat au bain-marie, avec le beurre. Hors du feu, incorporez les jaunes d'œufs un à un, en fouettant, puis ajoutez le sucre de bouleau. Montez les blancs d'œufs en neige ferme puis incorporez-les délicatement à la préparation au chocolat. Placez au frais.

Pour le biscuit, préchauffez le four à 180 °C. Beurrez et farinez un moule à manqué. Tamisez ensemble la farine, la levure, la poudre de noisette et le cacao. Fouettez les jaunes d'œufs avec le sucre de bouleau. Incorporez le beurre fondu puis le mélange sec sans trop travailler la pâte. Montez les blancs d'œufs en neige ferme avec le sel, puis incorporez-les délicatement à la préparation. Versez la pâte dans le moule et faites cuire 45 minutes environ. Démoulez le gâteau sur une grille et laissez-le refroidir.

Coupez le biscuit en deux dans l'épaisseur. Imbibez les 2 disques de coulis de fruits rouges. Garnissez la base du gâteau de mousse au chocolat et recouvrez avec le second disque.

Pour le glaçage, faites fondre le chocolat au bain-marie puis incorporez l'huile et laissez tiédir. Posez le gâteau sur le plat de service, nappez le dessus et les côtés de glaçage puis placez pour 2 heures au réfrigérateur. Décorez de copeaux de chocolat blanc.

gâteau mousse chocolat-vanille

Pour **6 personnes**
Préparation **1 heure**
Cuisson **45 minutes**
Réfrigération **2 heures**

Pour la crème :
2 feuilles de **gélatine** (4 g)
25 cl de **lait**
1 **gousse de vanille**
2 **œufs**
3 c. à s. de **sucre de bouleau** (xylitol)
30 g de **farine**
50 g de **beurre**
15 cl de **crème liquide entière**

Pour le biscuit :
6 **œufs**
7 c. à s. de **sucre de bouleau** (xylitol)
1 **gousse de vanille**
150 g de **beurre** fondu
60 g de **poudre d'amande**
100 g de **farine**
½ sachet de **levure**
1 pincée de **sel**

Pour la mousse au chocolat :
225 g de **chocolat noir**
50 g de **beurre doux**
1 c. à s. de **cacao amer**
5 **œufs**
3 c. à s. de **sucre de bouleau** (xylitol)

Faites ramollir la gélatine dans un bol d'eau froide. Dans une casserole, portez à frémissements le lait avec les graines et la gousse de vanille, couvrez et laissez infuser. Fouettez les œufs avec le sucre de bouleau, incorporez la farine et le lait filtré. Reversez dans la casserole, portez à ébullition et laissez cuire 3 minutes. Hors du feu, incorporez la gélatine essorée et le beurre. Filmez et placez au frais. Fouettez la crème, incorporez-la à la préparation froide puis gardez au réfrigérateur.

Préchauffez le four à 180 °C. Beurrez et farinez un moule à manqué. Fouettez les jaunes d'œufs, le sucre de bouleau et les graines de vanille. Incorporez le beurre, la poudre d'amande, la farine et la levure. Montez les blancs d'œufs en neige ferme, avec le sel, incorporez-les au mélange. Versez la pâte dans le moule et faites cuire 45 minutes. Démoulez sur une grille et laissez refroidir.

Faites fondre le chocolat, le beurre et le cacao au bain-marie. Hors du feu, incorporez les jaunes d'œufs un à un, puis le sucre de bouleau. Montez les blancs d'œufs en neige ferme puis incorporez-les à la préparation au chocolat. Placez au frais.

Coupez le biscuit en deux dans l'épaisseur. Garnissez la base de crème à la vanille et recouvrez avec le second disque. Recouvrez le dessus et les côtés d'une épaisse couche de mousse au chocolat puis placez pour 2 heures au réfrigérateur.

roulé aux deux chocolats

Pour **6 personnes**
Préparation **1 heure**
Cuisson **10 à 12 minutes**

Pour le biscuit :
4 **œufs**, blancs et jaunes séparés
6 c. à s. de **sucre de bouleau** (xylitol)
90 g de **farine**
2 c. à s. de **cacao amer en poudre**
30 g de **beurre** fondu
4 cl de **lait**
1 pincée de **sel**

Pour le sirop :
3 c. à s. de **sirop d'agave**
1 c. à s. de **rhum ambré**
3 c. à s. d'**eau**

Pour la crème au mascarpone :
300 g de **mascarpone**
4 c. à c. de **sirop d'agave**
1 **blanc d'œuf**

100 g de **chocolat blanc** râpé
2 c. à s. d'**édulcorant à la stévia**

Préchauffez le four à 180 °C. Fouettez les jaunes d'œufs et le sucre de bouleau, ajoutez la farine et le cacao tamisés ensemble puis le beurre fondu et le lait. Montez les blancs d'œufs en neige, avec 1 pincée de sel, puis incorporez-les à la préparation. Étalez la pâte sur une grande plaque à pâtisserie recouverte de papier sulfurisé et enfournez pour 10 à 12 minutes.

À la sortie du four, glissez la feuille de papier sulfurisé sur un plateau, recouvrez le biscuit d'un torchon à peine humide et laissez refroidir.

Pour le sirop, portez à frémissements le sirop d'agave, le rhum et l'eau. Réservez.

Mélangez le mascarpone et le sirop d'agave au fouet. Montez le blanc d'œuf en neige ferme et incorporez-le au mélange, en tournant toujours dans le même sens.

Décollez le biscuit du papier, posez-le sur un film alimentaire, humectez-le très légèrement de sirop au pinceau, parsemez-le d'un peu de chocolat blanc puis étalez la crème au mascarpone et parsemez du reste du chocolat. Roulez le biscuit, enveloppez-le de film alimentaire et placez au frais jusqu'au moment de servir. Saupoudrez d'édulcorant à la stévia.

Variante Ajoutez 2 cuillerées à café de rhum ambré dans la crème au mascarpone.

annexe

table des recettes

tartes, crumbles & Cie

gâteaux moelleux

cakes & mignardises

crèmes & entremets

salades de fruits, mousses & Cie

délices au chocolat

gâteaux des grands jours

crédits photographiques

photos © Sucré Salé

Pierre-Louis Viel pages 25, 27, 45, 51, 57, 59, 69, 73, 83, 97, 105, 109, 115, 123, 125, 143, 149, 165, 173, 183, 187, 217, 223 ;
Jean-Christophe Riou pages 39, 91, 161, 167, 171, 199, 201, 207 ;
Jean-Claude Amiel pages 47, 87, 127, 4-5 et 153, 155, 157, 175 ;
Alain Sirois pages 19, 67, 139, 169, 181, 227, 229 ;
Luk Thys/Supperdelux pages 121, 129, 1 et 135, 137, 163, 203, 213 ;
Fabrice Subiros pages 21, 33, 81, 159 ;
Food & Drink pages 37, 61, 195, 233 ;
Becky Lawton pages 2-3 et 23, 111, 113 ;
Studio pages 11 et 65, 63, 215 ;
Alain Caste pages 53, 93, 185 ;
Yves Bagros pages 141, 151, 221 ;
Jérôme Bilic pages 145, 189, 231 ;
Jean-Blaise Hall pages 41, 219 ;
Chris Court pages 49, 131 ;
Poisson d'avril pages 89, 193 ;
Loïc Nicoloso pages 95, 191 ;
Mickaël Turiot et Emmanuel Roulier pages 179, 211 ;
Paquin page 29 ;
Christian Adam page 31 ;
Sanoma page 55 ;
Bruno Marielle page 65 ;
Denis Amon page 71 ;
Eric Fénot page 75 ;
Pierre Desgrieux page 77 ;
Pierre Hussenot page 85 ;
Bart Van Leuven/Supperdelux page 99 ;
Francis Hammond page 101 ;
Michel Bury page 103 ;
Françoise Nicol page 119 ;
Mouni Abd page 117 ;
Le Fotographe page 133 ;
Jean-Pierre Dieterlen page 197 ;
Alain Muriot page 205 ;
Jean-François Mallet page 225.

photos © shutterstock

Tobik pages 6-7 ;
Marina Nabatova page 9 ;
Heike Rau page 10 ;
Kappleyard page 13 ;
phloen page 14 ;
matka_Wariatka page 15 ;
bonchan pages 16-17 ;
John Kasawa pages 42-43 ;
Mykhaylo Feshchur pages 78-79 ;
Pierre-Yves Babelon pages 106-107 ;
Ekaterina Shlikhunova pages 146-147 ;
AM-STUDiO pages 176-177 ;
valentina1988 pages 208-209 ;
Thirteen pages 234-235.

Les nouveautés :

Découvrez toute la collection :

entre amis

200 recettes autour du barbecue

À chacun sa petite cocotte

Apéros

Brunchs et petits dîners pour toi & moi

Chocolat

Cocktails glamour & chic

Cupcakes colorés à croquer

Desserts trop bons

Macarons et tout petits gâteaux

Verrines

cuisine du monde

200 bons petits plats italiens

Curry

Pastillas, couscous, tajines

Spécial thaï

Wok le tour du monde des recettes

tous les jours

200 plats pour changer du quotidien

200 recettes pour étudiants

Cuisine du marché à moins de 5 euros

Les 200 plats préférés des enfants

Mon pain

Pasta

Pâtisserie facile

Petits gâteaux

Préparer et cuisiner à l'avance

Recettes faciles

Recettes pour bébé

Risotto et autres façons de cuisiner le riz

Spécial Débutants

Spécial Poulet

bien-être

5 fruits & légumes par jour

21 menus minceur pour perdre du poids

21 menus minceur pour garder la ligne

200 recettes vitaminées au mijoteur

Papillotes, la cuisine vapeur qui a du goût

Petits plats minceur

Poissons & crustacés faciles

Recettes vapeur

Salades

Smoothies et petits jus frais & sains

Soupes pour tous les goûts

Pâtisseries à la stévia, au sucre de bouleau, au sirop d'agave

SIMPLE
PRATIQUE
BON

POUR CHAQUE RECETTE, UNE VARIANTE EST PROPOSÉE.

MARABOUT
LES PETITS COSTAUDS CÔTÉ CUISINE